Michel QUOIST

Quand la vie
devient prière

LES ÉDITIONS OUVRIÈRES
1992
Distribution Cerf

Collection de Poche

Foi Vivante

Éditeurs partenaires :

Le Centurion (Jean Potin, Danièle Guilbert)
Le Cerf (Nicolas-Jean Sed)
Desclée de Brouwer (Charles Chauvin)
Nouvelle Cité (Jean-Pierre Rosa)
Éditions Ouvrières (Patrick Merrant)
Éditions Salvator (Pierre Zumbiehl)

Coordination : Jean-Pierre Rosa, Nicolas-Jean
Sed, Anne Terrier

© Éditions Ouvrières, 1990
ISBN : 2-7082-2860-5
ISBN Cerf : 2-204-04228-5
ISSN : 0430-8530

Avant-Propos

Chers amis,

Ces textes sont des « morceaux choisis », sélectionnés et classés par Bernadette Cantenot. Le fait même qu'ils aient été « choisis » signifie que d'autres auraient pu l'être, et présentés différemment. Il est des sensibilités multiples et des moments de nos vies où telles ou telles prières trouvent en nos cœurs un écho plus profond qu'à d'autres. Peu importe ! J'ai très volontiers ratifié le choix de Bernadette Cantenot, et de tout cœur la remercie de son travail sérieux et fraternel. Elle a compris et communié à l'essentiel.

L'essentiel, c'est cette foi primordiale, totale, que Dieu n'est pas le Dieu loitain, inaccessible, que l'on a si souvent « relégué » dans le ciel, mais Dieu éternel amoureux de l'homme, qui l'ayant depuis toujours désiré, puis suscité par son Amour tout-puissant, est venu au-devant de lui en son Fils Jésus-Christ. « C'est Lui qui nous a aimés le premier ».

L'essentiel, c'est que l'Amour infini, pour nous a pris visage. Homme parmi les hommes, on a pu le voir, l'approcher, l'entendre. Il a vécu parmi nous.

L'essentiel enfin, c'est qu'ayant traversé la mort, Jésus Christ soit toujours VIVANT, et vivant non pas dans « le ciel » loin de chez nous, mais parmi nous, avec nous : « Je serai avec vous jusqu'à la fin des temps ».

PRÉSENT sur nos routes quotidiennes, avec son Esprit Saint, Il nous accompagne, détaillant dans le temps tout son mystère d'amour. C'est là d'abord qu'il faut Le retrouver et non dans les nuages.

Il nous attend, non pas certes pour jouir simplement d'une inimaginable et sublime Rencontre, mais pour dialoguer avec Lui par la prière, et travailler avec Lui au règne de son Père.

Amis, vous avez peut-être déjà lu certains de ces textes. N'hésitez pas à les relire. Moi qui ai recueilli ces mots un à un sur les lèvres de nos frères, puis les ai écrits et priés, une fois de plus je les ai faits miens, avant de vous les présenter. J'ai retrouvé tous ces hommes qui cherchent, souffrent, ou rendent grâce, et j'ai rejoint Jésus Christ qui prie avec eux, avec nous.

Puis-je me permettre d'ajouter que dans certains cas, il serait utile de replacer ces textes dans le cadre où ils ont été déjà publiés. C'est pour cette raison que nous vous avons donné les références des livres d'où ils sont tirés.

Amis, si vous le voulez, prions ensemble. N'oublions pas qu'il n'y a jamais de vraie vie chrétienne sans dialogue constant avec Dieu, en Jésus Christ qui nous donne rendez-vous au cœur de notre vie, de la vie de l'humanité, et de l'univers tout entier.

Michel QUOIST

Aujourd'hui, les hommes doivent prier davantage qu'hier

Il est absolument faux de dire que Dieu se tait. Il parle et trop souvent l'homme ne lui répond pas. Pourtant, l'homme a besoin d'entrer en contact avec Dieu, c'est-à-dire qu'il a besoin de prier, car il est fait par Dieu et pour Dieu. Hors de ce contact, il s'asphyxie progressivement, comme le poisson meurt hors de l'eau. Il devient un refoulé spirituel et cherche des compensations. L'homme qui ne prie pas ou qui ne prie plus — alors qu'il connaît Dieu — se cherche ou s'invente des « au-delà de soi » dont il fait ses idoles, des dieux de remplacement pour entrer en contact et dialoguer avec eux. Le plus grave, c'est lorsque l'homme se choisit *lui-même* comme sa propre idole : son corps, ses sentiments, ou ses idées. Il dialogue alors avec *lui-même*. Il est enfermé. C'est l'enfer.

Un autre drame s'instaure dans le monde actuel. C'est celui d'hommes de plus en plus nombreux dont les difficultés pour sortir d'eux-mêmes, dialoguer avec les autres et par la force des choses avec **« un autre »** deviennent une maladie psychologique. C'est l'invasion des « maladies mentales » dont les psychologues nous disent que **toutes** sont des maladies de la relation. A ce point certes, l'homme lui-même n'est plus responsable puisqu'il est malade. Mais **il n'est plus un**

homme. Il est dénaturé. Là est le drame. C'est l'homme en lui-même qui est atteint.

Nous sommes tous responsables. Parce que nous avons bâti une société qui dés-axe ses membres ; parce que, en bafouant l'amour, nous avons perturbé les relations interpersonnelles à tous les niveaux ; mais plus profondément encore parce que nous n'avons pas suffisamment **re-lié l'homme et la vie à Dieu**. Hors de cette relation essentielle, de vraies relations d'amour entre hommes ne peuvent s'instaurer, et n'importe quelle société, aussi justement « structurée » soit-elle, ne pourra épanouir ses membres. Si nous n'y prenons pas garde, nous allons tarir l'homme en le coupant de sa **source**.

Ce sous-développement spirituel ne sera pas le moindre des péchés collectifs de l'humanité au moment où la conscience de l'homme qui grandit et sa puissance sur le monde réclament au contraire un sur-développement spirituel. Si nous ne prions pas, et si nous ne prions pas **davantage** que les hommes qui nous ont précédés, nous nous détruirons nous-mêmes.

Prier, c'est dire à Dieu

SOURCE, j'attends de Toi l'eau vive,
entre mes rives journalières,
sans Toi, eau croupissante je serais,
qui pourrit et qui meurt.

SOLEIL, j'attends de Toi la lumière,
pour ma route de jour,
sans Toi, je ne serais qu'enfant de nuit,
perdu,
sur chemin sans issue.

VENT, j'attends de Toi la force,
qui gonfle mes voiles offertes,
sans Toi, je ne serais que barque reléguée,
qui du port jamais ne franchit les jetées.

BRISE, j'attends de Toi le souffle,
pour prendre mon envol,
sans Toi, je ne serais qu'oiseau pollué,
qui se traîne en la boue.

... et de TOI, l'ARTISTE, j'attends
que tu fasses jaillir de mon bois et mes cordes,
une mystérieuse vie,

car sans TOI, je ne serais qu'instrument inutile,
couché, immobile et muet, dans l'écrin de mes
jours.

... Mais au-devant de TOI je viens,
Me voici ô ARTISTE ineffable,
et comme violon blotti, en tes bras amoureux,
recueilli et libre, sous Tes doigts qui me cherchent,
je m'offre pour T'épouser d'une étreinte d'amour,
et notre enfant sera MUSIQUE,
pour que chante le Monde.

Gloire à Toi, mon Dieu !

Gloire à Toi, mon Dieu !
Pour le petit enfant qui apprend à marcher,
   lâche la main de sa mère,
   tombe,
   se relève
   et tente à nouveau l'aventure
Pour le gamin sur la bicyclette
   qui s'essaye de rouler sans tenir le guidon,
   et vingt fois recommence avant d'y parvenir
Pour l'adolescent qui peine
   sur son problème de mathématique,
   mais s'acharne
   et veut seul trouver la solution.

Gloire à Toi, mon Dieu !
Pour les sportifs qui s'entraînent chaque jour
   à courir plus vite,
   sauter plus loin,
   et toujours plus haut,
   afin de battre leur record
Pour les artistes qui luttent avec la pierre ou le bois,
   les couleurs ou les sons,
   pour créer œuvres nouvelles

Pour les chercheurs qui dans l'ombre étudient,
   expérimentent,
      afin de percer les secrets de ce monde
      qu'ensemble nous habitons.

   Gloire à Toi, mon Dieu !
Pour ces mineurs qui arrachent à la terre le minerai,
      pour ceux qui le fondent
      et ceux qui font l'outil
      et la machine
Pour ces architectes et ces armées de maçons,
      qui bâtissent maisons, cathédrales et villes
Pour les savants, les ingénieurs, les techniciens,
      la multitude des travailleurs
      de l'esprit et des mains,
      qui lentement dominent la terre
      et apprivoisent la vie
Pour tous ceux qui luttent
      pour développer l'homme et les peuples
      et bâtir un monde de justice et de paix.

   Gloire à Toi, mon Dieu !
Pour l'homme qui lentement *s'élève*
      à travers l'immensité du temps
depuis qu'émergeant de la glaise
      tu l'as voulu debout,
      depuis qu'étincelle d'esprit allumé en la chair,
      tu l'as voulu pensant, aimant
      et participant à sa propre création,
      depuis qu'entre ses mains enfin libérées,
      tu lui remis l'univers,
      pour qu'il en prenne possession
      l'aménage et le transforme.

Gloire à Toi, mon Dieu !
Pour cette prodigieuse et merveilleuse montée
    humaine
Pour ta joie de nous voir grandir
Pour ton humilité,
    Toi qui s'effaces devant nous
    au lieu de prendre notre place
Pour ta patience devant nos lenteurs,
    nos erreurs et nos chutes.

Gloire à Toi, enfin, mon Dieu,
Parce que tu as créé l'homme libre,
    et digne de Te rencontrer,
    capable de Te connaître
    et de T'aimer
Parce que tu n'as pas cru déchoir,
    en devenant toi-même,
    un HOMME,
    en ton Fils Jésus
Parce que par Lui,
    si nous le désirons,
    nous pouvons,
    ensemble te dire *notre père*,
    et venir un jour chez Toi,
    vivre en ton Amour
    et ta Joie éternelle.

Prière avec les ouvriers de nuit

Il est tard, **Seigneur**,
et je voudrais dormir,
    j'ai besoin de dormir.
Mais ce soir, je pense aux ouvriers de nuit,
A cette multitude d'hommes qui travaillent,
    tandis que nous dormons,
    fabriquant pour nous,
        ce qu'il nous faut pour vivre.

J'ai souvent croisé sur ma route
    les autocars d'ouvriers,
    ramassant dans les quartiers des villes
    et les campagnes reculées,
    la main-d'œuvre soumise
    aux exigences de l'usine.
Implacables métronomes pour ballets sans entractes,
ils rythment la vie d'une armée de travailleurs.

J'ai rencontré des hommes
    dont le corps et les nerfs épuisés,
    n'ont pu suivre le rythme.
    Ils traînent une vie cassée
    que rien ni personne ne pourra réparer.

J'ai connu des couples éclatés,
    où l'époux et l'épouse
    ne communiquent entre eux,
    que par les mots griffonnés
    sur la table de la cuisine.
J'ai joué *tout bas* avec des enfants
    condamnés au silence de jour,
    ... parce que *papa dort*.

Je ne comprends pas **Seigneur**,
Tu as inventé la nuit,
    n'est-ce pas pour dormir ?
Quand ton soleil se couche sagement le premier,
    éteignant sa lumière il invite au repos !
Mais les hommes ont imaginé le travail de nuit
    et le sommeil de jour
    Ils allument les néons,
    puis ferment les persiennes,
pour faire croire que la nuit est le jour,
    et le jour la nuit.

On dit que pour répondre
    aux exigences du monde moderne,
    il faut *à tout prix* aménager la nature,
On dit que l'économie est première,
qu'elle commande et doit être obéie
    et que la machine doit être servie,
de jour comme de nuit.
On dit enfin, qu'ici où là,
on étudie de nouvelles *conditions de travail*,
    tentant de ré-humaniser,
    ce que l'on a dés-humanisé.
Mais tu sais pourquoi, **Seigneur**...

pour que le rendement soit meilleur
et plus forte la production !
L'homme reste un esclave,
et la souffrance demeure,
cette immense souffrance
et ces cris
et ces plaintes si vite étouffées,
Et cette habitude qui fait que nous n'y pensons plus
quand nous allons dormir
depuis le temps que c'est ainsi !
et *parce qu'il le faut bien !*

Mais ce soir, *j'entends*, **Seigneur**
cette immense clameur,
Et avant de clore mes paupières,
m'abandonnant à Toi,
Je veux te présenter,
non pas ces injustes souffrances,
tu les condamnes
mais cette somme d'efforts
qu'elles imposent aux hommes,
et cette merveilleuse générosité
que chaque jour elles réclament.
Car pourquoi se lèvent-ils ces ouvriers de nuit,
si non pour gagner le pain de leur épouse
et celui des enfants
Et même si quelques-uns
sont poussés par l'attrait de plaisirs,
que les riches si facilement déclarent *superflus*,
quand il s'agit des autres
C'est un prodigieux chant d'amour
qui chaque nuit s'élève,
... tandis que nous dormons.

Mais **Seigneur**, parvient-il jusqu'à Toi ?
    beaucoup d'hommes hélas,
    ne savent pas pour qui chante leur vie,
    au-delà,
    bien au-delà,
    de leurs amours terrestres !
Tends l'oreille, **Seigneur**,
écoute je t'en supplie,
Afin que ne soit pas perdu tant d'efforts,
    tant de peine,
    et tant d'amour vécu.

Pardonne-moi **Seigneur**,
    Pourquoi douter de Toi,
Et ne pas croire que cet hymne de nuit,
    peut-être,
    monte plus haut vers Toi
    que nos faciles cantiques
    en chaleureuses assemblées,
Puisqu'ils sont plus que nos mots aimables,
paroles de vie
marquées du sang de l'effort.

Pardonne-moi **Seigneur**,
    pourquoi douter de Toi
    et pourquoi douter d'eux,
Quand mêlées à ce chœur nocturne
s'élèvent quelques voix très claires,
    celles de ces hommes et ces femmes,
    qui avant le jour se lèvent,
Veilleurs de nuit,
    volontaires ceux-là,
    qui chantent tes louanges,

cachés en l'abbaye,
Mais, Seigneur, je ne suis pas seul.
    Je ne peux plus être seul.
    Je suis foule, Seigneur,
Solistes d'amour pur,
    ambassadeurs d'humanité,
    qu'accompagnent à bouche fermée
    et peut-être même à cœur fermé
    la foule des ouvriers de nuit.

Je crois **Seigneur**,
Je crois,
    ... mais dis-moi, ce soir,
    que tu les entends TOUS.

Oui mon petit, dit le **Seigneur**, j'entends,
    car tout homme est mon frère,
    même s'il ne le sait pas
    et *aucun chant d'amour ne s'élève de terre*
    sans parvenir jusqu'à Moi.
Et moi je les accueille tous,
    même les fausses notes,
    pour les transmettre au Père,
    en louanges infinies.

Devant Toi, Seigneur

Être là devant Toi, Seigneur, et c'est tout.
Clore les yeux de mon corps,
Clore les yeux de mon âme,

Et rester immobile, silencieux,
M'exposer à Toi qui es là, exposé à moi.
Être présent à Toi, l'infini Présent.

J'accepte de ne rien sentir, Seigneur,
de ne rien voir,
de ne rien entendre,
Vide de toute idée,
de toute image,
Dans la nuit.
Me voici simplement
Pour Te rencontrer sans obstacle.
Dans le silence de la foi,
Devant Toi, Seigneur.

Mais Seigneur, je suis pas seul.
Je ne peux plus être seul.
je suis foule, Seigneur,
Car les hommes m'habitent.
Je les ai rencontrés,

ils ont pénétré en moi,
ils s'y sont installés,
ils m'ont préoccupé,
ils m'ont mangé,
Et je les ai laissés, Seigneur,
pour qu'ils se nourrissent
et pour qu'ils se reposent.
Je Te les amène aussi en me présentant à toi.
Je Te les expose en m'exposant à Toi.
Me voici,
Les voici
Devant Toi, Seigneur.

Création, mystère du Christ

La Création n'est pas étrangère au mystère de Jésus, rien, n'échappe à l'**événement**. C'est dans le Christ qu'elle s'origine, se développe et s'épanouit : « Il » est l'image du Dieu invisible, le premier-né de toute la Création, **en Lui ont été créées toutes choses dans les cieux et sur la terre**, les créatures visibles et les créatures invisibles... Il existe antérieurement à tout, **et tout subsiste en Lui** (Colossiens, 1, 15-17). « **C'est en Lui que nous avons la vie, le mouvement et l'être** » (Actes, 17, 28). « **Toutes choses ont été faites par Lui, et rien de ce qui a été fait n'a été fait sans Lui** » (Jean, I, 3).

Ainsi le Christ ressuscité est présent au prodigieux développement de l'univers et de l'humanité. Il en est le Centre et le Moteur. Rien ici-bas, de la matière et de la vie, ne peut être créé, transformé, poussé à son épanouissement sans l'Action toute-puissante de Dieu en Jésus-Christ. De toute éternité, cette Création a été pensée « en Lui », c'est « en Lui » qu'elle se réalise.

Création, mystère de l'homme

Si la Création est l'œuvre du Christ, chaque jour, en nous et autour de nous, elle est aussi l'œuvre de l'homme. Ainsi Dieu l'a voulu dès l'origine. Il lui a confié l'univers : « Alors Dieu dit : faisons l'homme à notre image et à notre ressemblance (entre autre ressemblance, créateur comme Lui). **Qu'il règne** sur les poissons de la mer, sur les oiseaux du ciel, sur le bétail et **sur toute la terre... » « ... je vous donne** toute herbe portant semence sur toute la surface de la terre... » (Genèse, 1, 26, 31). Il lui a également confié l'humanité : « Dieu créa l'homme à Son image ; il le créa à l'image divine, il créa le mâle et la femelle. Dieu les bénit : **fructifiez**, dit-il, **multipliez-vous, remplissez la terre et la soumettez...** » (Genèse, *idem*).

Et l'homme a entrepris lentement, péniblement, son immense effort individuel et collectif pour « régner » sur le monde et l'univers en le saisissant par la connaissance et par l'action, en le domestiquant, le transformant et le développant pour le service de ses frères et la gloire de Dieu. C'est tout le travail humain, au sens le plus large ; travail scientifique, technique, artistique ; travail manuel et travail intellectuel.

Parallèlement, il a pris en charge la progression de l'humanité. Montée personnelle de l'homme, vers plus de connaissance, de conscience et de liberté, par l'instruction, l'éducation. Développement de l'humanité par la procréation, dans l'amour, au sein de la famille.

Les responsabilités de l'homme sont exaltantes. C'est lui qui se fait lui-même à partir de la vie et des dons qu'il possède. C'est lui qui décide de détourner le cours d'un fleuve, de bâtir une cité, d'explorer les astres ou de créer un petit enfant. Dieu sanctionne, guide et donne la force, mais Il laisse la liberté de la décision et de l'exécution. Jusqu'où lui permettra-t-Il de pousser son pouvoir de pro-création ? Jusqu'où souhaite-t-Il le voir grandir et grandir sa puissance sur la matière et la vie ? Le monde moderne nous offre des perspectives enthousiasmantes, mais aussi effrayantes. Pourtant, il est certain qu'en Père infiniment aimant, Dieu se réjouit de voir son enfant se développer personnellement et faire face chaque jour davantage aux responsabilités énormes qu'Il lui a confiées. Comme au début du monde, après avoir investi l'homme maître et ouvrier de la Création, Il continue de « considérer Son œuvre, et de voir que **cela est très bon** » (Genèse, 1, 31).

Alors, pourquoi craindre ?

Il n'y a pas plusieurs vies

Il n'y a pas plusieurs vies mais une seule,
et une seule Force au cœur de cette vie.
Une Force d'union :
« l'Esprit de Dieu qui depuis l'origine
planait sur les eaux »*.

Car voici quelques milliards d'années
cette prodigieuse Énergie,
qui mystérieusement,
mais intelligemment, poussait
quelques éléments épars de matière organique,
à se rechercher, s'organiser, s'unir,
pour qu'enfin VIVE la première cellule,
est cette même Énergie qui,
aujourd'hui, bouge, chante et crie
dans la chair de l'univers,
afin que celui-ci grandisse chaque jour.
C'est elle qui fait la racine, amante de la terre.
C'est elle qui fait l'épi de blé amoureux du soleil,
et le soleil courtisan de l'épi.
C'est elle qui, à l'oiseau, fait franchir l'océan,

---

* Genèse 1-, 2.

pour y chercher sa terre et y creuser son nid.
C'est elle qui, des animaux, pousse irrésistible,
le mâle vers la femelle.

Il n'y a pas plusieurs vies mais une seule.

Car voici quelques centaines de milliers d'années
cette même prodigieuse Énergie,
mit l'animal debout et releva sa tête.
C'est elle qui lui ouvrit les bras
pour qu'il saisisse et façonne la terre.
C'est elle qui incendia son corps
à l'appel d'un autre corps.
C'est elle qui anima son cerveau
pour qu'il puisse se connaître et connaître ses frères.
C'est elle qui, un jour enfin, fit battre son cœur
devant la lumière naissante, à la frontière d'un
regard.
Et c'est aujourd'hui encore cette même Énergie
qui venant du fond des temps, traversant l'univers,
et la multitude des hommes,
surgit en toi brutale,
comme une eau souterraine, qui jaillit impérieuse,
cherchant à tâtons et son lit, et sa mer.

C'est elle qui fait naître ces multiples désirs
qui si souvent te tourmentent et t'inquiètent
tant ils sont puissants et si mal satisfaits
désirs d'air, d'eau, de soleil,
et désirs de terre nourricière
désirs de vivre et de grandir,
et désirs de savoir, de connaître
désirs des autres à découvrir,
et surtout ces merveilleux

et troublants désirs de la femme
de ton cœur vers son cœur,
de ton corps vers son corps,
l'un et l'autre volant vers l'unité promise.

Il n'y a pas plusieurs vies mais une seule,
et sa source est l'Amour de ton Dieu
qui sans cesse engendre l'univers et l'humanité.
« Je suis la VIE dit Dieu »,
et moi je crois ce que Dieu dit.

Qui t'a fait, ô homme ?

Qui t'a fait, ô homme ?
Ton père et ta mère, et leurs parents,
et les parents de leurs parents
et toutes les mères et tous les pères
qui les ont précédés.
Le pain que tu as mangé
et celui que tes parents ont mangé
et les parents de tes parents et tous les autres...
Le baiser qu'ils t'ont donné et celui qu'ils ont reçu
La gifle qu'ils t'ont donnée et celle qu'ils ont reçue.
La leçon que tu as apprise et celle qu'ils ont apprise.
Ta prière et leur prière.

Qui t'a fait, ô homme ?
Tes amis et leurs amis.
Tes ennemis et leurs ennemis.
Le logement que tu as habité
et celui qu'ils ont habité.
Le travail que tu as fait et celui qu'ils ont fait,
les lois qui te régissent et celles qui les ont régies.
Tes oui et tes non
et les rosaires des oui et des non
de tous ceux qui t'ont précédé

depuis les premiers hommes.
Le soleil, la pluie et les étoiles.
Tous les hommes de toute la terre, tout l'univers,
tout le bien, tout le mal.

Qui t'a fait, ô homme ?
Le souffle de celui qui a dit :
« Faisons l'homme à notre image
et à notre ressemblance »,
le souffle de celui qui chaque jour
fait l'homme en aimant.

Homme, comment pourrais-je alors te juger ?
Comment pourrais-je peser le poids du pain,
du sourire et des coups ?
Comment pourrais-je compter les rayons de soleil
et les gouttes de pluie ?
Comment pourrais-je mesurer
la profondeur du bien et du mal,
les souffrances et les joies
et l'épaisseur des prières ?
Je ne peux, homme, que t'accueillir et te recevoir,
tel que tu es, aujourd'hui,
pour toi,
pour moi,
pour les autres.
Tu es un trop grand mystère
pour mon regard d'homme,
je ne te connaîtrai pleinement que dans la lumière,
O homme immense comme le monde,
comme l'humanité,
comme le temps.
Homme que tu es grand !

La brique

Le maçon posait la brique sur le lit de ciment.
D'un geste précis de sa truelle,
il lui jetait une couverture,
Et sans lui demander avis couchait par-dessus
une nouvelle brique.
A vue d'œil les fondations montaient,
La maison pourrait s'élever haute et solide
pour abriter des hommes.

J'ai pensé, Seigneur, à cette pauvre brique
enterrée dans la nuit au pied du grand immeuble.
Personne ne la voit mais elle fait son travail
et les autres ont besoin d'elle.
Seigneur, qu'importe que je sois au faîte de la
maison
ou dans les fondations
pourvu que je sois fidèle,
bien à ma place, dans Ta Construction.

Loué sois-tu, ô Père

Loué sois-tu, ô Père, pour la mer, le Ciel et les étoiles,
Loué sois-tu pour l'énergie frémissante de l'atome,
Loué sois-tu pour le pétrole qui jaillit,
    pour la fusée qui s'élance,
    pour le satellite posé sur les planètes.
Loué sois-tu pour la science et la technique.
Loué sois-tu pour toute la matière qui est ta créature,
    matière inerte à nos yeux
    et pourtant matière vivante,
    matière transformée, émouvant lieu de rencontre de
    l'action divine et de l'activité humaine,

Loué sois-tu, ô Père, pour les artistes, les techniciens, les savants et les innombrables travailleurs qui saisissent cette matière, la pétrissent et la transforment.

Loué sois-tu pour ton grand Dessein d'amour qui préside à cette prodigieuse marche en avant de tout l'univers,

Loué sois-tu pour ton Fils, par qui tout a été fait et sans qui rien n'a été fait,

« Par lui, tu ne cesses de créer tous ces biens, les sanctifier, les vivifier, les bénir et nous les donner.

C'est par lui, et avec lui et en lui,
Que, ô Dieu le Père tout-puissant,
En l'unité du Saint-Esprit,
te sont rendus tout honneur et toute gloire, dans tous les siècles des siècles. »

Je voudrais être, de temps en temps, dans le calme du soir, celui qui prête aux choses un cœur de fils pour louer le Créateur.

Je voudrais être l'enfant qui s'extasie devant son Père, qui sourit au petit que je suis.

L'amour

L'amour est vol d'oiseau, dans le ciel infini,
Mais le vol de l'oiseau
est plus que petit être de chair,
virevoltant dans les airs,
plus que ses ailes amoureuses, courtisées par le vent
et plus que l'indicible joie,
quand meurent les battements d'ailes,
et que le corps en paix, plane dans la lumière.

L'amour est chant du violon,
qui chante le chant du monde,
Mais le chant du violon
est plus que le bois et l'archet, inertes et solitaires,
plus que les notes en habits de soirée,
qui dansent sur la partition
et plus que les doigts de l'artiste,
qui courent sur les cordes.

L'amour est lumière, sur les routes humaines,
Mais la lumière qui se donne
est plus que caresses matinales,
ouvrant les yeux de nuit,
plus que rayons de feu qui réchauffent les corps,
et plus que mille pinceaux de soie,

colorant les visages.

L'amour est rivière d'argent, qui coule vers la mer,
Mais la rivière vivante, qui traîne ou se hâte,
est plus que son lit accueillant, écrin qui ne retient
plus que l'eau rougissante, sous le regard du couchant,
et plus que l'homme sur la rive,
jetant ses appâts pour en pêcher les fruits.

L'amour est voilier, qui sur l'eau, fend les vagues,
Mais la course du voilier
est plus que l'étrave séduite, pénétrant la mer,
qui s'offre ou se débat
plus que les voiles frémissantes
sous les caresses de la brise ou les gifles du vent
et plus que les mains du marin,
accrochées à la barre, poursuivant inlassable
son amante sauvage.

... *L'Amour dépasse l'amour*

L'amour est SOUFFLE de l'Amour infini,
il vient d'ailleurs et vole vers l'ailleurs

L'amour est esprit d'homme
qui connaît et reconnaît le SOUFFLE
il est liberté d'homme
qui tout entier se tourne vers Lui
L'amour est consentement de l'homme
au SOUFFLE qui invite
il est cœur de l'homme qui s'ouvre
pour L'accueillir et Le donner
il est corps de l'homme qui se recueille, disponible
pour qu'habité par Lui, traversé par Lui

35

il s'envole vers les autres
vers... l'autre,
et qu'enfin,
ce qui était éloigné se rejoigne et s'ajuste
ce qui était séparé ne devienne plus qu'un
et que de l'UN jaillisse, une nouvelle vie.

L'enfant

Enfant
sangs mêlés,
vies mêlées,
cœurs mêlés,
Homme et femme à jamais unis, soudés, noués,
en leur amour fait chair

Enfant,
chef-d'œuvre inimitable,
trésor inestimable,
nouvelle étoile allumée au ciel de la terre,
parmi les milliards
et les milliards d'étoiles nécessaires,
« TOI », personne unique,
qui jamais ne parus et ne paraîtras plus.

Enfant, chéri de l'homme,
béni de Dieu,
désir éternel du Père,
qui prend corps
quand en l'amour il rencontre, O merveille,
le libre désir de l'homme.

Enfant, enfant de l'homme,

enfant de Dieu,
membre d'un Corps inachevé,
mais sans TOI amputé,
Corps Humanité
Corps de Christ
qui depuis l'aube des temps grandit en terre,
pour s'élever jusqu'en ciel.

Comment Dieu a-t-il pu,
incompréhensible folie d'amour
à l'homme remettre ce pouvoir,
en son corps la sève
en son cœur le désir,
qu'il puisse avec Lui, TE créer, vie nouvelle,
source neuve jaillie sur la terre des hommes
aurore d'un fleuve immense,
appelé à couler jusqu'en éternité !

Je voudrais monter très haut

Je voudrais monter très haut, Seigneur,
Au-dessus de ma ville
Au-dessus du monde
Au-dessus du temps
Je voudrais purifier mon regard
et T'emprunter Tes yeux.

Je verrais alors l'Univers, l'Humanité, l'Histoire,
comme les voit le Père
Je verrais dans cette prodigieuse transformation
de la matière
Dans ce perpétuel bouillonnement de vie,
Ton grand Corps qui naît sous le souffle de l'Esprit
Je verrais la belle, l'éternelle idée d'amour
de ton Père qui se réalise progressivement :
Tout récapituler en Toi, les choses du ciel
et celles de la terre.

Et je verrais qu'aujourd'hui comme hier, les moin-
dres détails y participent,
Chaque homme à sa place,
Chaque groupement
Et chaque objet.

Je verrais telle usine et tel cinéma,
La discussion de la convention collective
et la pose de la borne-frontière.
Je verrais le prix du pain qu'on affiche
et la bande de jeunes qui va au bal,
Le petit enfant qui naît et le vieillard qui meurt.
Je verrais la plus petite parcelle de matière
et la moindre palpitation de vie,
L'amour et la haine,
Le péché et la grâce.

Saisi, je comprendrais que devant moi se déroule
la grande Aventure d'Amour
commencée à l'aurore du Monde,
L'Histoire Sainte qui selon la promesse
ne s'achèvera que dans la gloire
après la résurrection de la chair,
lorsque tu Te présenteras devant le Père en disant :
C'est fait. Je suis l'Alpha et l'Oméga,
le commencement et la fin.
Je comprendrais que tout se tient,
que tout n'est qu'un même mouvement
de toute l'Humanité et de tout l'Univers
vers la Trinité, en Toi et par Toi, Seigneur.

Je comprendrais que rien n'est profane,
des choses, des personnes, des événements,
Mais qu'au contraire tout est sacré à l'origine par
Dieu...
Et que tout doit être consacré par l'homme divinisé.

Je comprendrais que ma vie, imperceptible respiration
en ce grand Corps Total,

Est un trésor indispensable dans le Projet du Père.

Alors, tombant à genoux, j'admirerais, Seigneur,
le mystère de ce Monde
Qui, malgré les innombrables
et affreux ratés du péché,
est une longue palpitation d'amour
vers l'Amour éternel.

Je voudrais monter très haut, Seigneur

Au-dessus de ma ville
Au-dessus du monde
Au-dessus du temps
Je voudrais purifier mon regard
et T'emprunter Tes yeux.

Le mystère de l'Incarnation
se réalise dans le temps

La venue de Jésus-Christ chez les hommes, il y a deux mille ans, est l'expression sensible d'un acte d'amour unique et éternel qui, depuis les origines où se préparait la venue du Messie jusqu'à la venue de Jésus triomphant à la fin du monde, se développe dans le temps. Car Jésus ne force pas les cœurs. Il n'épouse pas l'homme, malgré lui, et l'incorporation de toute l'humanité dans le Christ ne peut se réaliser effectivement que pas à pas, au fur et à mesure des oui d'amour de l'homme pèlerin de l'histoire.

L'amour, en effet, est accueil et don, indissolublement lié. Celui qui donne et se donne en oubliant ou refusant d'accueillir ne fait que du paternalisme. Tout amour suppose l'échange, c'est-à-dire que l'un soit par rapport à l'autre, et en même temps, riche pour donner, pauvre pour accueillir.

De plus, l'homme, limité de partout et entre autres du fait de son insertion dans le temps, ne peut adhérer définitivement à l'autre en un acte unique d'amour total. Il lui faut détailler dans l'histoire, actualiser, son engagement d'un jour. Les amoureux qui dans la joie de leur pleine liberté un jour se disent oui s'épousent réellement. En ce premier oui, ils engagent leur vie et leur éternité, parce que ce oui contient tous les autres.

Ils sont mariés. Mais il leur faudra devenir ce qu'ils sont, en détaillant ces oui dans le cheminement quotidien de leur histoire. Ainsi, la réponse personnelle de l'homme à son Dieu sera murmurée dans la vie concrète de chacun, jour après jour.

Le oui de Jésus-Christ à l'humanité est parfait, en même temps don total de Dieu à l'homme et ouverture, disponibilité pour accueillir au fur et à mesure l'assentiment d'amour de l'homme. Mais cet assentiment ne peut être donné librement par l'homme que pas à pas. Lui-même « se fait » chaque jour homme, il doit se faire chaque jour chrétien ; c'est-à-dire en se livrant à **l'amour,** livrant sa vie et la vie du monde, permettre à Jésus-Christ d'actualiser par lui, dans le temps et dans l'humanité, ce qu'Il a réalisé une fois pour toutes.

Ma plus belle invention,
c'est ma Mère

Ma plus belle invention, dit Dieu, c'est ma Mère.
Il me manquait une maman, et Je l'ai faite.
J'ai fait ma Mère avant qu'elle ne me fasse.
C'était plus sûr.
Maintenant, je suis vraiment un homme
comme tous les hommes.
Je ne n'ai plus rien à leur envier, car j'ai une maman.
Une vraie.
Ça me manquait.

Ma Mère, elle s'appelle Marie, dit Dieu.
Som âme est absolument pure et pleine de grâce.
Son corps est vierge
et habité d'une telle lumière que sur terre
Je ne me suis jamais lassé de la regarder,
de l'écouter
de l'admirer.

Elle est belle, ma Mère, tellement belle que,
laissant les splendeurs du ciel,
Je ne me suis pas trouvé dépaysé près d'elle.
Pourtant, Je sais ce que c'est, dit Dieu,

que d'être porté par les anges ;
ça ne vaut pas les bras d'une Maman, croyez-moi.

Ma Mère Marie est morte, dit Dieu.
Depuis que j'étais remonté vers le ciel,
elle me manquait, Je lui manquais.
Elle m'a rejoint, avec son âme, avec son corps,
directement. Je ne pouvais pas faire autrement.
Ça se devait. C'était plus convenable.
Les doigts qui ont touché Dieu
ne pouvaient pas s'immobiliser.
Les yeux qui ont contemplé Dieu.
ne pouvaient rester clos.
Les lèvres qui ont embrassé Dieu
ne pouvaient se figer.
Ce corps très pur qui avait donné un corps à Dieu
ne pouvait pourrir, mêlé à la terre...
Je n'ai pas pu, ce n'était pas possible,
ça m'aurait trop coûté.
J'ai beau être Dieu, Je suis son Fils,
et c'est moi qui commande.
Et puis, dit Dieu, c'est encore
pour mes frères les hommes que j'ai fait cela.
Pour qu'ils aient une maman au ciel.
Une vraie, une de chez eux, corps et âme.
La mienne.

Maintenant, qu'ils la prient d'avantage ! dit Dieu.
Au ciel ils ont une maman qui les suit des yeux,
avec ses yeux de chair.
Au ciel ils ont une maman qui les aime à plein cœur,
avec son cœur de chair.
Et cette maman, c'est la mienne,
qui me regarde avec les mêmes yeux,

qui m'aime avec le même cœur.
Si les hommes étaient plus malins,
ils en profiteraient, ils devraient bien se douter
que Je ne peux rien lui refuser...
Que voulez-vous, c'est ma maman.
Je l'ai voulue. Je ne m'en plains pas.
L'un en face de l'autre, corps et âme, Mère et Fils,
Éternellement Mère et Fils...

Pardon, seigneur, d'avoir déformé ton Visage

Pardon, seigneur, d'avoir déformé ton Visage comme les vandales plâtrent et peinturlurent l'inestimable œuvre d'art,

Pardon d'avoir fait de toi un « objet de discussion », comme si la foi était le fruit d'une démonstration[*],

Pardon d'avoir fait de toi une « arme spiritualiste » contre le « matérialisme », comme si le salut de l'humanité était une « entreprise » et non un « mystère », celui de Jésus mort et ressuscité.

Et quand j'ai découvert enfin que tu étais une « Personne » toute proche, pardon encore, Seigneur, d'avoir fait de toi trop souvent :

Quelqu'un qui est venu « payer une note ».

Quelqu'un dont il faut suivre les commandements, pour être bien vu et avoir droit à la récompense éternelle.

Quelqu'un de très puissant dont il faut tirer par la prière le plus d'avantages possible...

------

[*] La foi n'est pas irraisonnable. Il est raisonnable de croire en Jésus-Christ, mais ce n'est pas un raisonnement qui peut nous faire adhérer à Jésus-Christ, fils de Dieu et sauveur des hommes : c'est la grâce. « Nul ne peut venir à moi si le Père qui m'a envoyé ne l'attire » (Jean 6, 44).

J'oubliais, Seigneur, l'attitude première, essentielle, sans laquelle le reste n'est rien ou, en tout cas, devient affreuse caricature,
J'oubliais, ô Dieu, que tu es Père, infiniment aimant et que depuis toujours tu rêves de faire de moi ton fils.
J'oubliais, ô Dieu, que tu es l'Amour
    et que l'Amour est venu chez nous.
J'oubliais, ô Dieu, de me laisser aimer.

Seigneur, pourquoi m'as-tu dit d'aimer ?

Seigneur, pourquoi m'as-tu dit d'aimer
tous mes frères, les hommes ?
J'ai essayé, mais vers Toi je reviens effrayé...

Seigneur, j'étais si tranquille chez moi,
je m'étais organisé, je m'étais installé.
Mon intérieur était meublé et je m'y trouvais bien.
Seul, j'étais d'accord avec moi-même.
A l'abri du vent, de la pluie, de la boue,
pur je serais resté, dans ma tour enfermé.
Mais à ma forteresse, Seigneur
tu as découvert une faille,
Tu m'as forcé à entrouvrir ma porte.
Comme une rafale de pluie en pleine face,
le cri des hommes m'a réveillé ;
Comme un vent de bourrasque,
une amitié m'a ébranlé ;
Comme s'insinue un rayon de soleil,
ta grâce m'a inquiété
... et j'ai laissé ma porte entrouverte,
imprudent que j'étais.

Seigneur, maintenant je suis perdu !

Dehors, les hommes me guettaient.
Je ne savais pas qu'ils étaient si proches ;
dans cette maison, dans cette rue, dans ce bureau ;
mon voisin, mon collègue, mon ami.
Dès que j'eus entrouvert, je les ai vus,
la main tendue, le regard tendu, l'âme tendue,
quêtant comme des mendiants aux portes des
églises.

Les premiers sont entrés chez moi, Seigneur.
Il y avait tout de même un peu de place en mon
cœur.
Je les ai accueillis, je les aurais soignés,
je les aurais cajolés, frisés, mes petites brebis à moi,
mon petit troupeau.

Tu aurais été content, Seigneur,
bien servi, bien honoré,
proprement, poliment.
Jusque-là, c'était raisonnable...

Mais les suivants, Seigneur, les autres hommes,
je ne les avais pas vus, les premiers les cachaient.
Ils étaient plus nombreux,
ils étaient plus miséreux,
ils m'ont envahi sans crier gare.
Il a fallu se resserrer,
il a fallu faire de la place chez moi.
Maintenant, ils sont venus de partout,
par vagues successives, l'une poussant l'autre,
bousculant l'autre.

Ils sont venus de partout, de la ville entière,
de la nation, du monde ; innombrables, inépuisa-
bles.

Ils ne sont plus isolés, mais en groupes, en chaîne,
liés les uns aux autres, mêlés, soudés,
comme des morceaux d'humanité.
Ils ne sont plus seuls,
mais chargés de pesants bagages ;
bagages d'injustice, bagages de rancœur et de
haine,
bagages de souffrance et de péché...

Ils traînent le Monde derrière eux,
avec tout son matériel rouillé et tordu,
ou trop neuf et mal adapté, mal employé.

Seigneur, ils me font mal ! Ils sont encombrants,
ils sont envahissants.
Ils ont trop faim, ils me dévorent !
Je ne peux plus rien faire ; plus ils rentrent,
plus ils poussent la porte et plus la porte s'ouvre...

Ah ! Seigneur ! ma porte est toute grande ouverte !
Je n'en puis plus ! C'est trop pour moi !
Ce n'est plus une vie !
Et ma situation ?
Et ma famille ?
Et ma tranquilité ?
Et ma liberté ?
Et moi ?
Ah ! Seigneur, j'ai tout perdu, je ne suis plus à moi :
Il n'y a plus de place pour moi chez moi.

Ne crains rien, dit Dieu, tu as TOUT gagné
Car tandis que les hommes entraient chez toi,
Moi, ton père,
Moi, ton Dieu,
Je Me suis glissé parmi eux.

Seigneur, délivre-moi de moi !

Seigneur, m'entends-tu ?

Je souffre atrocement,
Verrouillé en moi,
Prisonnier de moi,
Je n'entends rien que ma voix,
Je ne vois rien que moi,
Et derrière moi il n'y a que souffrance.

Seigneur, m'entends-tu ?

Délivre-moi de mon corps, il n'est que faim
et tout ce qu'il touche
de ses grands yeux innombrables,
de ses mille mains tendues,
n'est que pour s'en saisir
et tenter d'apaiser
son insatiable appétit.

Seigneur, m'entends-tu ?

Délivre-moi de mon cœur, il est tout gonflé d'a-
mour,
mais alors que je crois follement aimer,

j'entrevois, rageur,
que c'est encore moi que j'aime à travers l'autre.

Seigneur, m'entends-tu ?

Délivre-moi de mon esprit, il est plein de lui-même,
de ses idées, de ses jugements ; il ne sait dialoguer,
car ne l'atteint nulle autre parole que la sienne.

Seul, je m'ennuie,
Je me lasse,
je me déteste,
je me dégoûte,
Depuis le temps que je me retourne
dans ma sale peau
comme dans un lit brûlant de malade
qu'on voudrait fuir.

Seigneur je voudrais sortir,
Je voudrais marcher, courir vers un autre pays.
Je sais que la JOIE existe,
je l'ai vue chanter sur des visages,
Je sais que la LUMIÈRE brille.
je l'ai vue illuminer des regards.
Mais Seigneur, je ne puis sortir, j'aime ma prison
en même temps que je la hais,
Car ma prison, c'est moi,
C'est mon moi égoïste
Et moi je m'aime,
Je m'aime, Seigneur, et je me dégoûte

Seigneur, je ne trouve même plus
la porte de chez moi.
Je me traîne à tâtons, aveuglé,
Je me heurte à mes propres parois,

à mes propres limites,
Je me blesse,
J'ai mal,
J'ai trop mal, et personne ne le sait
car personne n'est rentré chez moi.
Je suis seul, seul.

Seigneur, Seigneur m'entends-tu ?
Seigneur, montre-moi ma porte, prends ma main,
Ouvre,
Montre-moi la Route,
Le chemin de JOIE, de LUMIÈRE.

... Mais...
Mais Seigneur, m'entends-tu ?

Petit, Je t'ai entendu. Tu Me fais souffrir.
Depuis le temps que Je guette tes persiennes closes,
ouvre-les,
Ma lumière t'éclairera.
Depuis le temps que Je suis
devant ta porte cadenassé,
ouvre-la, tu Me trouveras sur le seuil.
Je t'attends, les autres t'attendent,
Mais il faut ouvrir,
Mais il faut sortir de chez toi.

Pourquoi demeurer ton prisonnier ?
Tu es libre.
Ce n'est pas Moi qui ai fermé ta porte,
Ce n'est pas Moi qui peux la rouvrir.
... Car c'est toi qui de l'intérieur
la tiens solidement verrouillée.

Aimer

C'est vouloir l'autre libre, et non pas le séduire,
et de ses liens le libérer, s'il demeure prisonnier,
Afin que lui aussi puisse dire : « je t'aime »,
sans être poussé par ses désirs indomptés.

Aimer, c'est entrer chez l'autre,
s'il t'ouvre les portes de son jardin secret,
bien au-delà de ses chemins de ronde,
et des fleurs et des fruits cueillis sur ses talus,
Là où émerveillé tu pourras murmurer :
c'est « toi » mon chéri, et tu es mon unique.

Aimer, c'est de toutes tes forces
vouloir le bien de l'autre, avant même le tien,
et tout faire pour que l'aimé grandisse,
et puis s'épanouisse,
Devenant chaque jour l'homme qu'il doit être,
et non celui que tu veux modeler
à l'image de tes rêves.

Aimer, c'est donner ton corps et non prendre le sien,
mais accueillir le sien, quand il s'offre en partage,
Et c'est recueillir, t'enrichir, pour offrir à l'aimé,
plus que mille caresses, et plus que folles étreintes,

Ta vie tout entière rassemblée,
dans les bras de ton « je ».

Aimer, c'est t'offrir à l'autre,
même si celui-ci un moment, se refuse,
c'est donner sans compter, ce que l'autre te donne,
en payant le prix fort,
sans jamais réclamer ta monnaie.
Et c'est, suprême amour, par-donner,
quand l'aimé, hélas se dérobe,
en tentant de livrer à d'autres, ce qu'il t'avait pro-
mis.

Aimer, c'est dresser ta table
et la garnir pour y asseoir ton hôte,
mais sans jamais te croire suffisant,
pour te passer de lui.
Car privé de la nourriture, que lui-même t'apporte,
à ton repas de fête tu n'offriras,
que pain sec de pauvre, et non menu de roi.

Aimer, c'est croire en l'autre et lui faire confiance,
croire en ses forces cachées, en la vie qui l'habite,
Et quelles que soient les pierres à dégager
pour aplanir la route,
C'est *décider* en homme *raisonnable*,
de partir courageux sur les chemins du temps,
non pour cent jours, pour mille,
ni même pour dix mille,
Mais pour un pélerinage qui ne finira pas,
car c'est un pélerinage qui durera TOUJOURS.

Aimer, je dois le dire, pour purifier tes rêves,
c'est accepter de souffrir, de mourir à soi,
pour vivre et pour faire vivre,

Car qui peut pour un autre s'oublier,
sans souffrir,
Et qui peut renoncer à vivre pour lui-même,
sans que meure en lui,
quelque chose de lui.

Aimer, enfin, c'est tout cela et beaucoup plus encore,
Car aimer c'est t'ouvrir à l'AMOUR infini,
c'est te laisser aimer,
Et transparent à cet AMOUR qui vient,
sans jamais te manquer,
C'est, ô sublime Aventure,
permettre à Dieu d'aimer,
celui que toi,
librement,
tu décides d'aimer.

Le délinquant

Je connais son secret,
Son lourd secret,
Son terrible secret.
Comment, Seigneur, peut-il être porté
par ce grand garçon au visage d'enfant trop tôt
vieilli ?

J'aurais voulu qu'il me le dise,
Qu'il me le donne à porter avec lui.
Depuis de longs mois,
je tends la main à ce frère écrasé.
Avidement il saisit cette main,
il la caresse, il l'embrasse...
mais, par-dessus le fossé qui nous sépare,
Quand je veux l'attirer doucement, il recule,
car dans l'autre main il porte son secret,
trop lourd pour pouvoir me le tendre.
Seigneur, il me fait mal.
Je le regarde de loin et ne puis l'approcher,
Il me regarde et ne peut m'approcher.

Je souffre,
Il souffre,
Il souffre surtout, et je ne puis le supporter,

car mon amour est trop court, Seigneur,
et chaque fois que de chez moi
je jette un pont
pour atteindre sa solitude, le pont est trop petit
et ne parvient pas à son rivage.

Hier, Seigneur, il s'est penché vers moi,
a dit un mot puis s'est repris ;
tout son corps a tremblé
sous le poids du secret qui s'approchait
mais roulait à nouveau au fond de sa solitude.
il n'a pas pleuré,
mais j'ai dû essuyer
les grosses gouttes de sueur
qui perlaient de son front.
Je ne peux pas lui prendre son fardeau,
il faut qu'il me le donne.
Je le vois, et je ne peux le saisir.
Tu ne le veux pas, Seigneur,
puisqu'il ne le veut pas.
Je n'ai pas le droit de violer sa souffrance.

Je pense ce soir, Seigneur, à tous les isolés,
A tous ceux qui sont seuls,
affreusement seuls,
Parce qu'ils ne se sont jamais donnés à Toi,
Ceux qui savent quelque chose
que jamais d'autres ne sauront ;
Ceux qui souffrent d'une plaie
que jamais personne ne pourra soigner ;
Ceux qui son marqués par un coup terrible
que jamais personne ne soupçonnera ;
Ceux qui ont enfermé,
dans le terrifiant silence de leur cœur,

des moissons d'humiliations,
de désespoirs,
de haines ;
Ceux qui ont caché un péché de mort
et qui sont froid tombeau
à la façade repeinte.

La solitude de l'homme m'effraye,
Seigneur,
Tout homme est seul puisqu'il est unique,
Et cette solitude est sacrée ;
lui seul peut la rompre,
se dire à un autre.
et recevoir un autre.
Lui seul peut passer de la solitude à la communion.
Et Tu veux, Seigneur, cette communion.
Tu veux que nous soyons unis les uns aux autres,
Malgré les profonds fossés
que nous avons creusés entre nous
par le péché,
Tu veux que nous soyons unis
comme Ton Père et Toi vous êtes unis.

Seigneur, ce garçon me fait mal
ainsi que tous les solitaires, ses frères,
Donne-moi de les aimer
assez pour briser leur solitude,
Donne-moi de passer dans le monde
toutes portes ouvertes,
Ma maison entièrement vide, disponible, accueillante.
Aide-moi à m'éloigner de chez moi
pour ne gêner personne,
Pour que les autres puissent entrer

sans rien demander,
Pour qu'ils puissent déposer leur fardeau
sans être vus,
Et je viendrai,
silencieusement,
les chercher la nuit,
Et tu m'aideras, Seigneur, à les porter.

J'ai longuement contemplé
Seigneur,
les visages des hommes

J'ai longuement contemplé Seigneur
les visages des hommes,
    Et dans les visages les yeux,
    Et dans les yeux le regard,
Langage plus profond que les mots et les gestes.
Je reviens vers Toi ébloui et comblé,
    mais toujours plus avide.

    Visages,
Livres ouverts où j'ai tant appris,
tant reçu de mes frères
    Ma nourriture,
    Ma communion,
Visages uniques, œuvres privilégiées,
    que nul fard,
    nulles fautes,
    nulles blessures
N'ont pu définitivement défigurer
aux yeux de ceux qui savent regarder.
De quelle mystérieuse pâte êtes-vous faits,

pour qu'en vos sillons soient inscrits
    Les brises et les tempêtes,
    Les pluies ou le soleil,
    des vies de plein air,
    comme des vies les plus secrètes ?

J'ai admiré Seigneur,
l'architecture des visages,
    cathédrales,
    chapelles
    ou discrets oratoires,
Et par elle j'ai connu les richesses
    et les pauvretés de l'artiste,
    qui de l'intérieur les façonnait,
    de chacune de ses pensées,
    et de chacun de ses gestes.

J'ai souffert cruellement devant des visages abîmés,
    défigurés,
Mesurant la profondeur des douleurs cachées,
    comme du mal,
    les sournoises attaques.
J'ai vu alors certains de ces visages perdus,
    à la dérive
    inondés de pluies d'orages,
Tandis que sur d'autres, je n'ai pu recueillir, hélas,
    que quelques larmes échappées,
    de torrents enfermés.

J'ai bu à longues gorgées,
la lumière de visages habités de soleil
    et j'en fus désaltéré.
Mais j'ai longuement attendu,

comme on guette le lever du jour,
que naisse un sourire, sur des visages de nuit.
J'ai cheminé le long des rides,
   sur des visages anciens,
   sentiers,
   avenues ou crevasses,
Pour retrouver les traces,
et des joies et des peines,
qui ont creusé l'argile de longues vies humaines,
   Et je reviens vers Toi,
   ébloui et comblé,
   mais toujours plus avide.

   Pourquoi **Seigneur**...
   Pourquoi suis-je à ce point fasciné ?
Et pourquoi si souvent ai-je entrepris,
   ces longs pélerinages,
   vers le sanctuaire des visages ?

Je suis parti, **Seigneur**,
   Je l'avoue, poussé par la curiosité.
Les livres nous révèlent si peu des mystères de la vie,
   qu'il faut chercher ailleurs
   la lumière que l'on cherche.

Je pressentais un trésor enfoui
dans cette glaise dont nous sommes pétris,
   Poussière,
   Terre vivante,
   Habitée.
   Terre mêlée d'esprit,
   Au point qu'on ne sait plus,
   En ces corps, ces visages,

Où est la terre,
Où est l'esprit
Tant ils sont l'un et l'autre épousés.

Je charchais la VIE, **Seigneur**,
au-delà de l'harmonie,
des formes et des couleurs.
Je cherchais la « *personne* »
Au-delà de tous les personnages
Et au-delà des personnes je cherchais
... ô mystère insaisissable !
Je cherchais...
Et j'ai brusquement trouvé,
Que ma faim des visages, était une faim de Dieu.
... *Je Te cherchais* **Seigneur**,
et Tu me faisais signe !

Ô **Seigneur** est-ce possible ?
Que certains croyants
qui sincèrement voudraient Te rencontrer,
souvent s'égarent encore,
marchant les yeux dans les nuages,
alors qu'ils pourraient chaque jour t'apercevoir
en croisant leurs frères sur les chemins de terre.
Car depuis que tu es venu chez nous,
Dieu, pétri de la même argile que nous,
Dieu qui s'est fait VISAGE en Jésus notre frère,
Nul ne peut rencontrer l'homme,
Sans découvrir en lui quelque chose de Toi.

TOI, l'enfant de Bethléem,
dans le visage des bébés souriant...
ou pleurant
TOI, le fugueur du Temple,

dans le visage des adolescents,
qui ne savent plus,
s'ils sont hommes ou enfants.
TOI, le tenté du désert,
dans le visage des hommes tourmentés,
partagés,
déchirés,
par le mal qui toujours se propose.
TOI, le transfiguré,
dans le visage des hommes en prière,
TOI, le condamné défiguré
dans le visage des hommes torturés,
gémissant sous les coups,
les coups au corps,
les coups au cœur.
TOI, le ressuscité,
dans le visage de ceux, en qui l'Amour enfin
a fait toute sa place
et rayonne chantant l'Alleluia de Pâques.

Je voudrais **Seigneur**,
continuer fidèlement,
ce pélerinage inachevé,
vers le visage de mes frères,
Jusqu'au jour de JOIE,
où tous dans ta LUMIÈRE enfin, les contemplant,
je Te contemplerai.
Mais il me faut encore,
avec Toi
longuement, durement cheminer
et mieux Te connaître
pour mieux Te re-connaître
sur le visage de mes frères.

Ô donne-moi **Seigneur**,
La grâce de respecter les visages
De ne jamais les *dé-visager*,
en cherchant à saisir pour moi,
les beautés passagères,
Ou cueillir au bord de leur chair vivante,
Les fruits qui pour d'autres mûrissent.

Donne-moi de ne jamais fermer les yeux,
sur des visages aux couleurs étrangères,
sur des visages obscurs ou pour moi repoussants
Et dans mon cœur de ne jamais désespérer,
encore moins condamner,
quand l'orgueil,
l'égoïsme ou la haine,
ont fabriqué sur des visages
des masques grimaçants pour carnavals de mort.

Donne-moi au contraire **Seigneur**, le courage,
de ne jamais m'arrêter sur les rivages des visages
rives attirantes,
ou tristes terrains vagues,
Mais pélerin de l'au-delà,
franchissant les frontières du visible,
Donne-moi de rejoindre,
la claire Source de Vie,
Là où dans le lac paisible des cœurs
Ton image, lentement se dessine.

Ô donne-moi surtout **Seigneur**,
de regarder les visages
un peu comme Toi,
jadis les regardais,
lorsque ton évangéliste disait de Toi

Accorde-moi **Seigneur**
un peu de ta tendresse infinie,
Un peu seulement, je t'en supplie.
Et mon regard sur les visages,
sera caresse qui réchauffe.

Accorde-moi **Seigneur**,
un peu de ta pureté,
Et mon regard sur les visages,
sera comme saphir sur la cire habitée
Et je délivrerai des chansons depuis longtemps en-
fouies,
Et je ferai crier des cris trop longtemps enfermés,
Et des larmes couleront,
Les sourires fleuriront,
Et moi,
J'écouterai chanter ou pleurer les visages,
Et mystère ineffable,
Je t'entendrai **Seigneur**
M'inviter à chanter ou pleurer,
Avec eux,
Avec Toi, **Seigneur**.

Rédemption, énergie oubliée,
énergie détournée

L'énergie cachée au cœur de la souffrance est actuellement trop souvent oubliée. L'humanité, sottement, se prive de sa plus grande force de libération de renouvellement d'union et d'ascension. L'homme veut se sauver seul et construire le monde sans libérer *l'amour* gagné par Jésus-Christ, amour mystérieusement disponible au sein de la plus petite souffrance. Or, il ne peut pas faire l'économie de la Rédemption à réintroduire dans le temps. Si le ciment de l'amour n'est pas présent entre chaque pierre de sa construction, « c'est en vain qu'il bâtit la maison » (psaume 127) et depuis le péché, cet amour ne peut fleurir qu'au bout de l'effort douloureux mais vainqueur des membres souffrants de Jésus-Christ. Il ne faut pas perdre une seule souffrance humaine, sinon la Rédemption ne peut pas être pleinement actualisée pour les hommes de notre temps.

Souvent, également, l'énergie cachée dans la souffrance a été détournée de son but. On a utilisé la souffrance **en elle-même**, la vidant de son « contenu » sauveur. Combien de fois l'homme n'a-t-il pas cheminé seul avec son mal, parfois écrasé sous le poids d'injustices criantes, souffrances qu'on lui conseillait « d'offrir pour le salut de son âme ». C'est là le plus odieux détournement spirituel qui puisse être. Il ne s'agit pas de donner à l'homme rendez-vous avec la souffrance, elle est un mal ; il faut lui donner, **au-delà de la souffrance combattue, rendez-vous avec Jésus-Christ souffrant**. Jamais on ne doit remercier Dieu de la souffrance, pas plus que du péché, mais on doit le remercier de la **bouleversante rencontre du Sauveur** qui **malgré** la souffrance, nous attend pour nous faire bénéficier de sa lutte et de sa victoire **contre** le péché **et contre** la souffrance.

Il n'est pas vrai que « Dieu éprouve davantage ceux qu'Il aime », mais il vrai que plus nous souffrons, plus Jésus-Christ nous est présent. Parce qu'il a déjà souffert et vaincu notre souffrance, Il est attentif et disponible, non pour nous ôter cette souffrance, mais pour nous permettre de la vaincre à notre tour, en la transformant en force de rédemption grâce à son **Amour**.

L'enfant qui joue sagement demeure seul tandis que sa mère dans une pièce voisine s'occupe à ses travaux. Mais si, désobéissant, il se blesse, affronté à la souffrance, il crie et sa maman se précipite vers lui pour l'aider. Malgré sa faute, elle est présente, plus attentive et plus aimante que jamais. Cependant, il peut se révolter contre la douleur, se rouler à terre, battre l'objet avec lequel il s'est blessé, battre également sa mère qui vient lui porter secours. Il souffre alors davantage car sa souffrance demeure, il se blesse plus encore et reste seul avec son mal et ses rancœurs. Au contraire, s'il n'a plus d'yeux que pour sa maman qui l'attend, il dépasse sa souffrance et se précipite dans ses bras. Celle-ci ne lui enlève pas son mal, mais en portant son enfant **elle le porte avec lui**.

Ainsi une grande souffrance peut éloigner de Dieu

ou rapprocher de Lui. Car l'homme peut rejeter Jésus-Christ présent au cœur de cette souffrance. Il peut l'accuser et se « venger » de lui. Ou bien l'ayant entendu murmurer son invitation à l'amour il peut, adhérant de toutes ses forces à son geste rédempteur, se laisser porter, et **s'offrir en se laissant offrir**. Ainsi, là où il y a davantage de péché, Dieu est davantage présent pour l'assumer et pardonner ; là où il y a davantage de souffrance, Il est davantage présent pour porter et sauver son enfant, c'est-à-dire **l'aimer**.

Seigneur,
c'était toi, ce chômeur,
qu'il y a une heure j'ai rencontré...

Seigneur,
Tu dois être fatigué ce soir,
Car tu as fait longuement la queue
au bureau de placement.
Tu dois être humilié ce soir,
Car aujourd'hui tu as entendu
tant et tant de réflexions blessantes.
Tu dois être découragé ce soir,
Car demain...
tu seras en *fin de droits*.
Fin du droit de manger.
Fin du droit de nourrir ta famille.
Fin du droit de vivre...
Et seul le droit de mourir.

Seigneur,
Comme *Tu* dois souffrir, ce soir !
Car c'était Toi ce chômeur,
que j'ai il y a une heure, rencontré.
C'était Toi,
je le sais,

parce que tu me l'as dit en ton Saint Évangile.
    « *J'étais nu,*
    étranger,
    malade,
    chômeur !
C'était Toi, je le sais,
Mais je n'y pensais plus.

    Seigneur,
Il est donc si long ton Chemin de Croix !
    Moi qui le croyais achevé.
    Moi qui Te croyais enfin arrivé
    Là-haut sur le Golgotha
    Au bout des longues heures de tortures,
    Au sommet de l'an trente et quelque chose.

Je savais que tu étais venu chez nous
    Comme nous,
    L'un d'entre nous,
Et qu'on t'avait vu prendre la Route avec nous,
Occupant fidèlement ta place
dans la longue file des souffrants
    Mais je ne savais pas
    que ton Chemin de Croix était inauguré
    depuis longtemps déjà,
    depuis le début des temps,
    quand les premiers hommes,
    sur les premières terres,
souffraient leurs premières souffrances.
Et je ne savais pas qu'il ne serait achevé,
que lorsque les derniers hommes
auraient poussé leurs derniers cris,
    sur les dernières croix
    Car si tu as **Seigneur,**

il y a deux mille ans
accompli ta part jusqu'au bout,
    Fidèlement
    Parfaitement,
Le chemin de la croix de tes frères est long,
    Très long
Et tu n'as pas fini d'être avec eux, par eux,
    Exploité
    Rejeté
    Humilié
    Emprisonné
    Dépouillé
    Torturé
    Crucifié
Corps et cœur éclatés,
Détaillant dans le temps ta souffrance suprême,
Sur toutes les croix du monde,
que les hommes ont dressées.

    Tu m'a appris maintenant **Seigneur !**...
Que celui qui aime,
souffre la souffrance de l'aimé.
Et plus il aime plus il souffre,
    Et Toi qui aime infiniment,
Tu souffres infiniment de nous voir souffrir.
    C'est ainsi,
Qu'épousant parfaitement toutes nos douleurs,
    Tu es **Seigneur**, en tes membres,
    Crucifié jusqu'à la fin des temps.
Et c'est cela ta *Grande Passion*
de souffrance et d'amour.

    Seigneur,
je n'étais pas sur le chemin du Golgotha,

il y a deux mille ans,
Comme ta maman qui pleurait
mais en son cœur offrait.
Les saintes femmes qui gémissaient,
Ceux de la foule qui par peur se taisaient,
Ceux qui par haine criaient,
Et comme Simon de Cyrène qui par devoir,
    te servait.
Mais aujourd'hui je suis là et je Te vois,
    quand je vois les souffrants,
    je Te parle quand je leur parle,
Et je T'aide à porter ta croix
quand je les aide à porter la leur.

    Je voudrais être,
    ô Seigneur,
Simon de Cyrène sur le chemin de croix des Hommes,
Car à quoi bon, verser des larmes sur Toi,
mort il y a deux mille ans,
    si je ne souffre avec mes frères
    qui souffrent aujourd'hui ?
Car à quoi sert de méditer
    et gémir en des cérémonies pieuses
    si je ne Te vois chaque jour,
    peinant sur mon chemin ?

    Mais ce soir, priant,
    devant eux,
    devant Toi,
Je pense aussi **Seigneur** que les croix des hommes
ne s'assemblent pas seules.
Nous les fabriquons nous-mêmes,
    hélas chaque jour,
    par nos égoïsmes,

notre orgueil,
Et la longue panoplie de nos multiples péchés.

Nous sommes *des fabricants de croix !*
    Artisans à notre compte,
    ou bien ensemble,
    industriels parfaitement organisés.
    Produisant des croix à la chaîne
    de plus en plus nombreuses
    de plus en plus perfectionnées.
    Croix pour foyers déchirés.
    Croix pour enfants abandonnés.
    Croix pour mourants de faim.
    Croix pour combattants sur champ de bataille.
    Croix pour ... chômeurs.
    Et croix ...
    et croix ...
    toujours des croix,
de toutes formes et de toutes grandeurs !
Et s'il nous faut **Seigneur** être Simon de Cyrène,
    pour nos frères souffrants,
Il nous faut,
Tous ensemble lutter
pour démanteler *nos innombrables fabriques de croix.*

    Merci **Seigneur**,
Car c'était Toi
ce chômeur
que j'ai il y a une heure rencontré
Et c'est Toi,
qui par lui,
aujourd'hui,
une fois de plus m'a parlé.

L'hôpital

Cet après-midi
je suis allé visiter un malade à l'hôpital.
De pavillon en pavillon,
j'ai dû parcourir cette Cité de la passion,
devinant les drames que cachaient les murs clairs
et les fleurs des pelouses.
Il m'a fallu traverser une première salle ;
Je marchais sur la pointe des pieds
à la recherche du malade,
J'effleurais du regard les gisants,
comme l'infirmier touche délicatement une plaie
pour ne pas faire souffrir.
Je me sentais mal à l'aise,
comme un non-initié
égaré dans un temple mystérieux,
comme un païen dans le nef d'une église.
Tout au fond de la deuxième salle,
j'ai trouvé mon malade,
et devant lui, j'ai bredouillé, je ne savais que dire.

Seigneur, la souffrance me gêne, elle m'oppresse.
Je ne comprends pas.
Pourquoi, Seigneur ?

Pourquoi ce petit innocent
qui gémit depuis une semaine,
atrocement brûlé ?
Cet homme qui agonise trois jours et trois nuits
en réclamant sa mère ?
Cette femme cancéreuse que je trouve en un mois
vieillie de dix années ?
Cet ouvrier tombé de son échafaudage,
pantin cassé d'un peu moins de vingt ans ?
Cet étranger, pauvre épave isolée,
qui n'est plus que plaie purulente ?
Cette fille plâtrée allongée sur une planche
depuis plus de trente ans ?
Pourquoi, Seigneur ?
Je ne comprends pas.

Pourquoi cette souffrance dans le Monde
qui heurte, ferme, révolte, brise ?
Pourquoi cette monstrueuse et hideuse souffrance
qui frappe aveuglément, sans s'expliquer,
S'abat injustement sur le bon
en épargnant le méchant,
Semble reculer, chassée par la science,
mais revient sous un autre visage,
plus puissante et plus subtile ?
Je ne comprends pas.
La souffrance est odieuse et elle me fait peur,
car pourquoi ceux-là, Seigneur, et non les autres ?
Pourquoi ceux-là et non pas moi ?

Petit, ce n'est pas moi, ton Dieu,
qui ai voulu la souffrance, ce sont les hommes.
Ils l'ont introduite dans le Monde
en introduisant le péché,

Car le péché est un désordre et le désordre fait mal.
A tout péché, vois-tu, correspond une souffrance
quelque part dans le monde et dans le temps
Et plus il y a de péché, et plus il y a de souffranec.
Mais je suis venu, Je les ai toutes prises,
vos souffrances,
comme J'ai pris vos péchés,
Je les ai prises et je les ai souffertes avant vous,
je les ai retournées, transfigurées.
Elles demeurent un mal, mais un mal qui sert,
Car de vos souffrances, j'ai fait la Rédemption,
en y coulant tout mon Amour.

**Seigneur
pourquoi faut-il toujours
se forcer ?
   ... Je n'ai pas envie**

Seigneur
Pourquoi faut-il toujours se forcer ?
   ... Je n'ai pas envie.

Je n'ai pas envie de me lever
   et pas envie de me coucher.
Je n'ai pas envie de partir au travail
   ou d'aller au collège.
Je n'ai pas envie de faire le ménage
   et pas envie de repasser le linge.
Je n'ai pas envie d'éteindre le poste de télévision
   et de faire *mes devoirs*.
Je n'ai pas envie de me taire
   ou pas envie de parler.
Je n'ai pas envie d'aller le voir
   de lui serrer la main
   et pas même de lui sourire.
Je n'ai pas envie de l'embrasser.
Je n'ai pas envie de rendre le service demandé,

de m'engager,
et pas envie d'aller à cette réunion.
Je n'ai pas envie de résister
à l'appel des sentiers de traverses
au détour de ma Route,
et pas envie d'éteindre ces images dorées,
projetées sans cesse
sur l'écran de mes rêves.
Je n'ai pas envie de me battre contre le temps,
de m'arrêter
de réfléchir
de méditer ta parole
et pas envie de te prier.

Seigneur,
Pourquoi faut-il toujours se forcer,
pour vivre chaque jour,
comme tu veux que l'on vive ?
Ce n'est pas facile,
Ce n'est pas gai.
J'ai si souvent envie de faire
ce que je ne dois pas faire,
et si peu envie de faire,
ce qu'il faut que je fasse !
Seigneur,
est-il vrai qu'il faille toujours se forcer
... quand on a point envie !

Mon petit, dit le **Seigneur**
il est vrai,
que la graine doit être chaque jour arrosée,
pour nous donner son arbre,
que la mère doit peiner pour que naisse l'enfant,

et les parents pour l'élever,
jusqu'à sa taille d'homme,
que le boulanger doit travailler de nuit
pour pétrir le pain,
et les ouvriers s'astreindre à la chaîne
pour que roule l'automobile
... même s'ils n'ont point envie.

Il est vrai,
que les savants doivent longuement chercher
pour trouver le médicament qui guérit,
que des hommes doivent sacrifier leur vie
pour qu'advienne la justice,
et que les amoureux doivent mourir chaque jour
aux désirs égoïstes,
pour que vive l'amour
... même s'ils n'ont point envie.

Car où serait ta dignité mon petit,
ta belle liberté
et ton pouvoir d'aimer,
Si le Père te donnait l'arbre et l'enfant tout fait,
et le pain cuit sur la table servie,
et le médicament sauveur sans erreurs possibles,
et l'univers comme un paradis pour une humanité
paisible,
et les amours en fleurs,
sans risque de faner ?

Il est difficile d'être homme,
et difficile d'aimer.
Je le sais.
Je n'avais point envie de gravir pendant trente ans

les marches du calvaire,
Mais mon Père désirait que ma vie tout entière,
    pour vous tous soit offerte,
Et moi, je vous aimais, mes frères,
    et si *je me suis forcé,*
    pour monter sur la croix,
    c'est pour que tous vos efforts un jour,
    soient couronnés de VIE.

Va, mon petit,
Ne te demande pas si tu as envie de faire ceci ou cela,
demande-toi *si le Père le désire*
    pour toi et pour tes frères
Ne me demande pas la force de te forcer,
demande-moi d'abord *d'aimer de toutes tes forces,*
    et ton Dieu et tes frères
Car si tu aimais un peu plus,
    tu souffrirais beaucoup moins
et si tu aimais beaucoup plus,
    de ta souffrance jaillirait la JOIE
    en même temps que la VIE.

Prière au creux de ma solitude

Je suis seul.
Seul **Seigneur**, tu comprends ?
Seul.
Et dehors c'est la fête.

J'ai fait taire le poste de radio,
qui pour moi si souvent me singe une présence
mais le silence en la pièce,
brusquement est entré,
Et l'angoisse sournoisement
en mon cœur s'est installé.

Un moment j'ai prêté l'oreille
aux quelques bruits de l'escalier,
J'imaginais des pas...
quelqu'un montait ?
Pourquoi ce fol espoir,
puisque je n'attends personne,
... et que personne ne viendra !

Si tu le voulais, **Seigneur**,
tu m'enverrais quelqu'un !
J'ai besoin de quelqu'un,

D'une main **Seigneur**,
   rien que d'une main sur ma main
   comme un oiseau posé.
De lèvres sur mon front,
   pour la chaleur d'un baiser.
D'un regard,
   un seul regard gratuit,
   pour me prouver
qu'au moins j'existe pour quelqu'un
De quelques mots enfin,
   et dans ces mots
   les battements d'un cœur offert.

   Mais personne ne viendra
   Je suis seul.
   Seul.
   Et dehors c'est la fête.

Oui, tu peux parler **Seigneur**,
au fond de mon cœur j'entends !
Mais je connais ta chanson,
   celle que me répètent les curés :
tu n'es pas seul, puisque *Je suis là*.
Oui tu es là,
   mais sans mains,
   sans lèvres,
   sans regard et sans mots,
Et moi je ne suis pas un ange,
   puisque tu m'as fait corps !

Tu ne me dis plus rien **Seigneur ?**
   Toi non plus !
   Tu es fâché ?...

Longtemps j'ai marché dans ma prison de solitude,
    et les mots croisés,
    accrochés à leur grille,
    n'ont pu trouver la porte
    pour m'en faire sortir,
Prisonnier que je suis, sans l'avoir mérité.

Je pense soudain,
à moins que ce soit Toi qui à nouveau me parle,
    je pense que d'autres que moi
    languissent en solitude.
J'en connais près de moi,
    et connais ce monde dur,
où des millions d'hommes,
corps contre corps entassés
dans les immeubles ou dans la foule,
    se côtoyent,
    se frottent,
    se heurtent,
    sans jamais se rencontrer.
Ce n'est pas ce que tu as voulu **Seigneur**,
Toi qui as dit que tu étais venu
rassembler tes enfants dispersés,
    et par ta vie donnée,
    en faire une seule famille.

Ma souffrance maintenant, **Seigneur**,
me parle longuement de la souffrance des autres
Et j'entends leurs plaintes,
plus fortes que les miennes,
Et je comprends enfin,
    qu'il n'est qu'un seul remède
    pour guérir ma solitude,

c'est d'aller vers les autres
pour guérir la leur.

J'ai trouvé ma vocation **Seigneur** !
Moi qui, si souvent me sens cruellement inutile,
et capable de si peu,
malgré mon cœur si grand,
Je serai dans l'Église, *artisan remailleur*.
Je tenterai de resserrer les liens qui étaient desserrés,
et peut-être renouerai-je,
ceux qui étaient cassés.
Ainsi je referai quelque peu le tissu de famille,
Car puisque tu n'as plus **Seigneur**, sur cette terre,
de mains, de lèvres,
de regards et de mots,
Je m'offre comme *sous-traitant*,
pour tous ceux qui comme moi,
ont besoin d'un corps,
même d'un corps vieillissant,
Pour leur dire qu'ils ne sont pas seuls
et que *Quelqu'un les aime*.

Adieu ma solitude !
Il est tard ce soir, mais demain **Seigneur**,
je te le promets,
Je commencerai mon travail,
en allant visiter ma voisine.
Bonsoir **Seigneur**...
Et puisque, une fois encore,
privé de baiser,
je n'en ai point à rendre,
Demain j'en aurai un tout prêt,
à pouvoir donner.

Nous n'avons pas fini
de nous aimer

Je me suis réveillée, **Seigneur**,
    ... et *il* n'était plus là.
En mon lit me suis retournée,
    ... mais la place était vide,
Et mes doigts solitaires cherchaient encore les siens.

Mon amour est chez Toi ;
    je le crois, je l'espère,
Mais je ne puis m'habituer, **Seigneur**,
    à son absence,
Et chaque réveil est pour moi déchirement,
    comme est déchirement,
l'éveil du malade aux membres amputés.

    Il n'est plus là !

Je ne l'entendrai plus, ô mon chant qui s'est tu.
Je ne serai plus sa terre disponible,
    aux labours quotidiens.
Je ne parcourerai plus sur son visage aimé,
    les sillons de ses rides,

où j'y glanais la vie,
les derniers grains de vie,
que jour après jour,
dans la joie et la peine,
nous avions semés,
moissonnés,
mille fruits de l'amour.
Je ne quêterai plus tout au fond de ses yeux,
la douce lumière de son regard couchant,
après les clairs matins,
l'incendie des midis,
et quelquefois l'ombre des jours,
quand les nuages s'amoncelaient,
et qu'éclatait l'orage,
avant que ne se lève en nos cœurs
l'arc-en-ciel de paix.

Nous nous aimions... mais **Seigneur**,
Nous n'avons pas fini de nous aimer !

Nous nous aimions, **Seigneur**,
mais nous vivions ensemble,
Il était en moi, et moi j'étais en lui,
Et Toi,
tu scellais nos deux vies,
pour n'en faire plus qu'une.
Mais *il* s'en est allé sur ces rives lointaines,
que nul ne peut atteindre
sans traverser la mort,
Et de ma rive à moi, les pieds sur cette terre,
je ne puis même l'apercevoir,
ô mon bien-aimé... disparu,
loin,

si loin,
dans le brouillard de l'infini.

Il n'est plus là !

On dit qu'on s'habitue, **Seigneur**,
que le temps fait son œuvre,
    Mais je le sais maintenant,
ni le temps ni la mort ne peuvent vaincre l'amour,
    car un matin j'ai murmuré *toujours*
    et il m'a dit *toujours*,
    et Toi nous a promis,
que nous nous aimerions jusqu'en éternité.
Sans voir, **Seigneur**,
je veux croire,
    je crois.

Nous n'avons pas fini de nous aimer !

Mais hier c'était ensemble,
    chaque jour,
    que nous nous entraînions,
Car si nous recherchions le bonheur de l'autre,
    souvent nous recherchions le nôtre.
Nous donnions quelquefois et quelquefois prenions,
    mais nos efforts renouvelés,
    grandissaient notre amour.

Nous sommes aujourd'hui entrés en purgatoire.
    Je souffre d'être seule,
    il souffre d'être loin,
    car peut-il être heureux sans moi,
    moi qui suis si malheureuse sans lui !

Mais lui, **Seigneur**, c'est à ta Lumière,
qu'il purifie notre amour,
  tandis que moi,
  c'est dans la nuit
  que je dois le parfaire.

Aide-moi, ô mon Dieu,
à l'aimer dans l'absence,
  aujourd'hui plus encore,
  qu'hier en sa présence.
L'aimer enfin pour lui, sans chercher le retour,
  heureuse qu'il soit heureux
  d'être tout près de Toi,
  ne recueillant pour moi
  que la joie de sa Joie.

Oui, mon amour est intact, en mon cœur vivant,
  la mort n'y peut rien,
  et c'est là ma souffrance,
Car ma source n'est pas tarie, **Seigneur**,
  elle coule et déborde,
Et j'ai des mots d'amour en trop,
  et mille gestes de tendresse,
Des sourires en réserve qui restent inemployés,
Et des larmes en pluie qui m'inondent le cœur,
  et font pousser plus vite encore,
  toutes ces fleurs d'amour.

Je ne les laisserai pas, **Seigneur**,
  s'étioler,
  se faner,
  en mon cœur fermé,
Je les cueillerai chaque jour,
Merveilleuse moisson pour mes enfants,

et mes petits-enfants,
mes amis,
mes voisins
et tous les mendiants oubliés
qui quêtent ces brins d'amour,
sur le bord de mes routes.

Mais ma souffrance, **Seigneur**,
il reste ma souffrance !
L'affreuse solitude, et les longues journées,
et les épaisses nuits,
    L'ABSENCE
cruelle absence
Vide profond où mon cœur certains soirs,
plonge affolé sans en trouver le fond
    Il me manque, **Seigneur**, comprends-tu ?
    Il me manque !
    Pourquoi m'as-tu abandonnée !

Pardon, **Seigneur**.
Pardon pour mes découragements,
Toi qui de ta croix chaque jour fais signe.
C'est lorsque j'oublie de Te regarder,
    que la nuit m'envahit.
    Tu m'entends
    et *lui* près de Toi me regarde,
    et de son amour m'invite,
    me guide et me soutient.

Grâce à Toi, **Seigneur**,
grâce à *lui*,
ma souffrance elle-même, ne sera pas perdue,
Car *j'offrirai ce surcroît d'amour*
    qu'elle exige de moi,

amour qui vit et grandit au-delà de ma peine.
Je l'offrirai pour ces jeunes explorateurs d'amour,
    qui cherchent sans trouver,
    se perdant, innocents,
    aux mirages d'un instant.
Eux qui ne savent pas, **Seigneur**,
ce que c'est que d'aimer,
    que s'arracher à soi pour se donner à l'autre,
    et s'ouvrir béant pour accueillir son don.
Eux qui ne savent pas
que l'amour est très souvent souffrance
    avant que d'être joie,
Joie d'une vie nouvelle qui prend chair
    en deux vies s'unissant,
    sans jamais se détruire.
Eux qui ne savent pas
qu'il n'y a pas d'amour sans toujours,
    et que Toi seul peux donner
    à cet amour sa dimension d'infini.

Je voudrais le leur dire, **Seigneur**,
    leur dire par ma vie,
Et puisque près de Toi mon bien-aimé m'attend,
    dans la Paix, moi aussi,
    j'attendrai la Rencontre,
    et de ces nouvelles fiançailles,
    cruelles et douces fiançailles,
de cette attente je ferai une offrande,
avant que dans les bras de mon amour fidèle,
    nous nous aimions enfin,
    Seigneur,
    comme on aime chez Toi,
    INFINIMENT, ÉTERNELLEMENT.

J'ai trouvé Marcel seul

Il était près de midi quand je frappais à sa porte.
J'ai trouvé Marcel seul, encore couché
dans un lit maintenant trop grand pour lui.
Sa femme l'a quitté il y a quelques jours.

Ça m'a fait mal, Seigneur, ce pauvre type découragé,
cette maison à moitié vide.
Une présence manquait,
Un amour manquait.
Je n'ai pas vu le bouquet de fleurs sur la cheminée,
le poudrier et le bâton de rouge
sur la tablette du lavabo,
le napperon sur la commode
et les chaises sagement rangées.
J'ai trouvé les draps sales
sur un lit fripé comme une vieille,
les cendriers pleins et débordants,
les chaussures traînant sur le parquet,
C'était triste, sombre et sentant mauvais.

Ça m'a fait mal, Seigneur.
J'ai senti quelque chose de déchiré,
quelque chose de déséquilibré,

comme un mécanisme faussé,
comme un homme aux membres cassés.

Et j'ai pensé que ce que Tu avais prévu était bien,
Et qu'il ne peut y avoir d'ordre et de beauté,
d'amour et de joie, hors de ton dessein éternel.

Je Te prie ce soir, Seigneur,
pour Marcel et... pour elle
et pour l'autre et pour la femme de l'autre
et pour ses enfants
et pour les familles partisanes
et pour les voisins qui bavardent
et pour les collègues qui jugent.

Je Te demande pardon
pour toutes ces déchirures,
pour toutes ces blessures,
et pour ton sang versé, à cause de ces plaies,
en ton Corps Mystique.
Je Te prie ce soir Seigneur
pour moi et pour tous mes amis,
Apprends-nous à aimer.

Ce n'est pas facile d'aimer, mon petit.
Souvent, vous croyez aimer,
mais vous ne faites que vous aimer,
et vous ratez tout, vous cassez tout.

Aimer, c'est se rencontrer, et pour se rencontrer
il faut accepter de sortir de chez soi
pour aller au-devant d'un autre.
Aimer, c'est communier et pour communier
il faut s'oublier pour un autre,
il faut mourir à soi totalement pour un autre.

Aimer, ça fait mal, tu sais, mon petit.
Car depuis le péché, écoute bien,
aimer, c'est quelquefois être Crucifié par un autre.

Prière de la divorcée remariée

O mon Dieu comprends-moi, Toi qui comprends si
bien
    tes fils qui sont fidèles,
    comme tes fils pécheurs.
Je n'ai pu vivre solitaire, abandonné, perdu,
    mon cœur avait trop froid
    et mon corps trop faim

Comment pouvais-je seul en la vie, naviguer sur mer
    déchaînée,
    mât cassé et voiles déchirées,
Sans chercher quelqu'un pour m'aider à réparer ma
    barque,
    et continuer la traversée

Comment pouvais-je, femme, nourrir seule, des en-
    fants mutilés,
    Quand blessée, exsangue, vide du sang d'amour,
    de mon sein tari, ils réclamaient le lait.
Je n'ai point refusé, mon Dieu, un peu d'amour offert,
    et quelques brins de bonheur, au creux de mes
    mains vides.
J'ai tenté de tisser un nouveau nid d'accueil pour

remplacer le nid détruit
Et je n'ose bouger sur mon amour tout neuf,
de peur qu'il ne s'envole comme un oiseau craintif.

Malgré mes blessures et malgré mon fardeau, je suis
heureux, je le crois,
arc-en-ciel timide, dans mon ciel de nuages.
O mon Dieu, je t'en supplie, ne ravis pas ma joie !
... Mais j'ai peur et je redoute,
Car on me dit que tu ne peux bénir ce foyer d'aujour-
d'hui.
Pourquoi mon Dieu ? Pourquoi ?
Est-ce mal de tenter d'être heureux quand on a tant
souffert,
ou seulement gâché un bonheur éphémère ?
Aime-moi mon Dieu, ne m'abandonne pas,
car de Toi aussi, j'ai bien besoin d'être aimé,
Et puisque, aujourd'hui, je tente d'aimer mieux,
puis-je t'offrir au moins ces miettes d'amour
nouveau, que je crois être amour ?

— Ami, connaissez-vous la réponse de Dieu ?
Je l'ai longuement attendue, mon petit. Les
hommes trop souvent se découragent devant ce qu'ils
croient être son silence. Ils se trompent. Je sais maintenant que Dieu parle, mais que nous ne l'entendons
pas.
J'ai écouté, purifiant mon cœur, et j'ai peu à peu
perçu le murmure de Sa voix. Alors, à ceux qui se
présentaient de plus en plus nombreux aux portes de
ma maison, aux portes de mon cœur, j'osais enfin
transmettre la réponse que j'avais cru entendre.
— Je crois, mon petit, que Dieu parlait ainsi :

Mon enfant, je t'ai toujours aimé, et je t'aime toujours
Un vrai père ne rejette jamais son fils
    même si, fils prodigue, il s'éloigne de lui.
Tu n'as pu vivre seul, je connais ta faiblesse... et c'est
    toi qui décides.
Tu es libre, mon enfant, par amour pour toi et l'ai voulu
    ainsi.
Mais il est vrai que je ne puis dénouer le lien
    qu'ensemble,
    vous et moi, nous avions noué.
Mon Église elle-même n'y peut rien *,
    car je suis l'AMOUR
    et l'AMOUR est fidèle,
et de moi vous ne pouvez obtenir que je sois infidèle.

Enfant très cher, tu souffres.
    Je comprends
        ta souffrance,
    j'accueille ta prière,
    et même la violence de tes mots,
    car qui peut les égrener doucement quand le cœur
    saigne
    et le corps se déchire
Mais mon enfant, sais-tu que ta souffrance est
    mienne ?
Ma croix n'est pas d'hier, mais aussi d'aujourd'hui ;
    elle sera demain,
Car ma passion est plus que coups, épines et clous,

---

* L'Église ne peut rompre le lien du mariage. Il est de Dieu.
Elle peut seulement quelquefois reconnaître sa nullité : il n'y a
pas eu mariage. Marc 10-6,9.

elle est souffrance infinie de l'Amour bafoué.
Les hommes n'ont pas fini de me clouer au bois,
les bras écartelés jusqu'à la fin des temps.
Mais au bout de ces longs bras,
mes deux mains grandes ouvertes,
je vous porte chacun, chers enfants, séparés,
et mon cœur est au Centre, qui vous unit toujours,
car mon cœur est VIVANT et continue d'aimer.
Fais confiance mon enfant, et viens vers Moi sans crainte,
nombreuses sont les routes pour Me joindre et Moi pour te rejoindre.
Accepte la souffrance de la déchirure,
et puisque comme mon Église éclatée, tu ne peux témoigner de l'unité gardée,
que la douleur de la désunion témoigne de la grandeur de l'union
... Mais surtout, enfant très cher, reconnais tes erreurs, tes faiblesses,
demande pardon,
et pardonne à qui tu dois pardonner,
car l'amour ne peut revivre en un cœur qui se ferme.

Je crois que ce jour-là, je compris l'essentiel : de nos désunions Dieu souffre en Jésus crucifié, mais si nous le voulons nous sauve, EN NOUS AIMANT TOUJOURS.

Je vieillis, Seigneur !

Je vieilli, **Seigneur**,
    et c'est dur de vieillir !

Je ne puis plus courir,
    et même marcher vite,
Je ne puis plus porter de lourdes charges,
    et monter rapidement l'escalier de chez moi.
Mes mains commencent à trembler,
    et très vite mes yeux se fatiguent
    sur les pages du livre
Ma mémoire faiblit et rebelle me cache,
    des dates et des noms
    que pourtant elle connaît.

Je vieillis, et les liens d'affection noués,
    au cours des longues années passées,
    un à un se relâchent,
    et quelquefois se brisent.
Tant de personnes connues,
Tant de personnes aimées,
S'éloignent et disparaissent
    dans l'au-delà du temps,
Que mon premier regard sur le journal du jour,

est pour chercher inquiet les avis de décès.

Chaque jour un peu plus, **Seigneur**,
    je me retrouve seul,
Seul avec mes souvenirs,
    et mes peines passées
    qui toujours en mon cœur,
demeurent très vivantes,
tandis que beaucoup de joies souvent,
    me semblent envolées.

Seigneur comprends-moi !
Toi qui a brûlé ton existence
    en trente-trois années intenses,
Tu ne sais pas ce que c'est que lentement vieillir,
Et d'être là,
Avec la vie qui s'échappe implacable
    de ce pauvre corps rouillé
vieille machine aux rouages grinçants,
    qui refuse ses services.
Et d'être là, surtout,
Et d'*attendre*.
D'attendre que le temps passe,
Un temps qui s'écoule certains jours si lentement
    qu'il semble me narguer, et tourne, et traîne,
    devant moi,
    autour de moi,
Sans vouloir céder la place à la nuit qui vient,
Et permet enfin de... *dormir*.

Seigneur comment croire que le temps d'aujourd'hui,
    soit le même que le temps de jadis,
Celui qui courait si vite certains jours,

certains mois,
Tellement vite que je ne pouvais pas le rattraper,
    et qu'il m'échappait
    avant que je n'aie pu le remplir de vie ?

Aujourd'hui j'ai du temps, **Seigneur**,
Trop de temps.
Du temps qui s'entasse à mes côtés,
Inutilisé.
Et moi, je suis là, immobile,
    et ne servant à rien.

Je vieillis, **Seigneur**,
    et c'est dur de vieillir,
Au point que certains de mes amis je le sais,
    te demandent souvent que finisse cette vie
    qui devient pensent-ils,
    désormais inutile.

Ils ont tort mon petit, dit le **Seigneur**
Et toi aussi,
    qui ne le dis pas,
    mais parfois les approuves.
A tous les hommes vos frères,
    vous êtes nécessaires.
Et Moi j'ai besoin de vous aujourd'hui
    comme j'avais besoins de vous hier.
Car un cœur qui bat, fut-il très usé,
    donne encore la vie,
    au corps qu'il habite,
Et l'amour en ce cœur peut jaillir,
    souvent, plus puissant et plus pur
    quand le corps fatigué lui laisse enfin la place.

Certaines vies débordantes,
   vois-tu,
   peuvent être vides d'amour,
   tandis que d'autres,
   paraissant bien banales,
   rayonnent à l'infini.

Regarde ma mère Marie,
   pleurant,
   immobile au pied de ma croix
Elle était là.
Debout certes,
   mais elle aussi *impuissante*,
Tragiquement impuissante.

Elle ne faisait RIEN,
   sinon que d'être là.
Tout entière recueillie,
Tout entière accueillante,
Et tout entière offrante,
   et c'est ainsi qu'avec Moi,
   elle a sauvé le Monde,
   en lui redonnant,
   tout l'amour perdu par les hommes,
   sur les routes du temps.

Aujourd'hui, *avec, elle*,
   au pied des croix du Monde,
   recueille les immenses souffrances de l'humanité,
   bois mort à brûler au foyer de l'amour.
Mais accueille aussi les efforts et les joies,
Car les fleurs cueillies sont belles,
   mais ne servent à rien,

qui ne sont point offertes,
et tant d'hommes pensent à vivre,
mais oublient de donner.

Crois-moi,
ta vie aujourd'hui
peut être plus riche qu'hier,
Si tu acceptes de veiller,
sentinelle immobile dans le soir qui vient.
Et si tu souffres de n'avoir plus rien en tes mains,
que tu ne puisses donner,
Offre ton impuissance
Et ensemble je te le dis,
Nous continuerons de sauver le Monde.

Le christianisme épanouit l'homme dans sa totalité, il exige de lui la construction d'un monde meilleur

Peut-on croire en l'homme et croire en Dieu ? Peut-on croire à la terre et croire au ciel ? Développer l'homme, est-ce diminuer Dieu ? Dominer et construire le monde, est-ce effacer le ciel ?

Dieu est-il un « jaloux » qui exige pour m'épouser que je divorce d'avec moi-même et que je rejette la terre... mais alors quel sens donner à cette terre ?

Alors, dois-je me tourner vers Dieu en méprisant le monde, ou me tourner vers l'homme en oubliant Dieu ? Ou bien, comme beaucoup, dois-je « sacrifier » tour à tour à l'un et à l'autre, condamné à l'insatisfaction de ne pas vivre pleinement mon humanité et de ne pas aimer pleinement mon Dieu ?

N'est-ce pas la vie de beaucoup de chrétiens qui se traînent dans une demi-joie et une demi-tristesse, ne guérissant jamais de l'envie d'être pleinement hommes et pleinement du Christ tout à la fois ? N'est-ce pas une des racines profondes du scandale des non-chrétiens qui voyant ces insatisfaits ne peuvent croire en un Dieu-amour qui n'épanouit pas l'homme et l'enlève du monde.

L'évangile me dit que si je veux suivre Jésus-Christ je dois me renoncer moi-même, mourir à moi-même.

Il me dit que le royaume des cieux n'est pas de ce monde. Et pourtant j'aime la vie qui éclate, la beauté ; je crois à l'amour qui donne la vie. J'aime l'homme et je souffre en face de tout ce qui le mutile ; j'aime le monde, avec tous mes frères je suis fier de le voir se construire toujours plus beau et j'entends y participer de toutes mes forces

Malheureux que nous sommes, comment avons-nous pu laisser s'installer au cœur de beaucoup de chrétiens ces terribles et fausses alternatives ? Il faut aujourd'hui que nous leur montrions que non seulement ils peuvent être fiers d'être hommes, mais que c'est un devoir pour eux de l'être pleinement et de lutter au maximum pour que tous leurs frères — des plus proches aux plus lointains — puissent accéder à leur plein épanouissement.

Il faut leur montrer que prendre possession du monde, le dominer, l'aménager et l'aimer, ce n'est pas se substituer à Dieu, c'est Lui obéir, Lui rendre gloire, et qu'il nous sera demandé compte de cette œuvre. Il faut alors que les chrétiens soient les plus passionnés parmi les passionnés du développement intégral de l'homme ; qu'ils soient, parmi les lutteurs, ceux qui luttent le plus, par la technique, la science, le travail, pour la conquête et l'aménagement du monde, et qu'ils n'accomplissent pas ces tâches humaines comme une bonne œuvre plus ou moins facultative, comme le moyen d'être présent aux non-chrétiens, mais comme le nécessaire accomplissement de leur vocation d'homme et de fils de Dieu.

Car qu'ils se rassurent ceux qui tremblent devant l'épouvantail d'une possible religion de l'homme. Jésus-Christ, nous le verrons, est à l'origine de cette grande œuvre de Création et c'est Lui qui attend l'homme pour y travailler avec Lui et la mener à un transcendant épanouissement. Cet épanouissement, beaucoup il est vrai ne le soupçonnent pas. C'est notre faute ! Mais grâce à nous aujourd'hui, si nous sommes des fidèles du Christ, mais aussi de l'homme et de la terre, Il sera révélé au monde qui attend.

Seigneur je voudrais être sûr qu'avec moi tu combats !

Seigneur,
avec mes camarades je me bats,
    fidèle à mon *mouvement*,
    mon *organisation*,
Solidaire dans la lutte
pour une vie plus humaine et plus juste.
Mais la bataille est rude,
    et je crains très souvent,
    de m'y rendre sans Toi.

Seigneur,
je voudrais être sûr, qu'avec moi tu combats !

Il faut hélas des hommes pour se défendre
    quand la guerre sévit.
Tous, un jour peut-être se coucheront,
    refusant de partir,
    mais ce n'est pas demain.
    Et aujourd'hui,
    les causes sont nombreuses à défendre,
    et les guerres sont là,

qui mobilisent leurs combattants.
Il faut des hommes pour soigner les blessés
et enterrer les morts
car les victimes sont légions
qui cherchent dévouement.
Il faut des hommes pour signer les traités,
quand enfin quelques combats s'achèvent.
Mais il en faut,
Il en faudrait beaucoup plus,
pour *éviter les guerres en construisant la paix,*
la paix qui ne peut fleurir
que sur terre de justice.

J'ai longtemps hésité,
avant de m'engager en ce combat pacifique.
Avec d'autres embusqués je calmais ma conscience,
prétextant doctement
qu'un homme à lui seul
ne peut soulever un monde.
Je refusais les groupes suspects...
qui font révolution.
Le monde de l'économie,
des syndicats,
de la politique,
étaient pour moi mondes pollués,
Et j'avais peur en m'y plongeant de me salir le cœur.
Mais **Seigneur** je n'étais pas en paix.
Et n'était-ce pas Toi
qui par les événements
souvent m'interpellais ?
Car tu m'as dit qu'il faut aimer mes frères,
Mais les aimer
n'est pas seulement leur offrir un sourire,

leur tendre la main,
et la première joue
qui point ne se dérobe
et la deuxième qui pardonne !
S'ils n'ont pas à manger,
S'ils sont ignorants, exploités,
et surtout privés du pain
de dignité,
Puis-je les renvoyer chez eux,
la main fermée sur mes cent francs,
leur disant :
« *je vous aime* »
à moins que ce ne soit :
« *je prie pour vous !* »

Je me suis « *engagé* » mais c'est dur tu le sais.
Car si l'on admire et décore
ceux qui luttent
et qui servent,
quand la guerre fait ravage,
Ceux qui de ce monde injuste et cruel
tentent de faire un monde fraternel,
sont souvent critiqués,
et quelquefois sévèrement condamnés.

Tu m'as poussé en avant **Seigneur**,
je t'en prie ne me laisse pas seul,
car passionné
je me retrouve au plus fort des mêlées,
Agressé...
De mes adversaires
les coups pleuvent
et quelquefois de mes amis,

Mal jugé...
   On me classe *trop à droite*
   trop à gauche
   ou *trop au centre*
   chacun m'attribuant une couleur différente.
Je cherche et je me cherche.
Et quelquefois je doute.

Car le combat n'est pas pur
et c'est là ma souffrance
Et si dures sont les batailles,
   que souvent je l'avoue
   je Te perds de vue.
   Seul,
   le soir,
   devant Toi,
   je regrette,
   j'ai honte,
   et j'attends ton pardon.
Car si je veux me battre,
Je le veux avec Toi.

Écoute ma prière **Seigneur**,
   Car si je sais
   que nos constructions humaines
   ne sont pas le Royaume
Je sais aussi que le levain,
a besoin de la pâte pour la faire monter.
   Et la pâte de farine.
   Et la farine, de blé.
   Et le blé, la farine et la pâte,
réclament le travail de nos mains
   pour que le pain soit cuit,

justement partagé,
et que de ce pain offert,
Tu fasses Eucharistie.

Seigneur,
donne-moi je t'en prie,
le levain de ton Amour !

Aide-moi à ne pas juger et condamner
Ceux qui tranquillement assis aux parterres...
     discutent,
     nous regardant combattre dans l'arène,
Eloigne de moi la jalousie,
     de les voir sans scrupules,
     bénéficier de nos victoires,
     en oubliant qu'ils nous les doivent.

Aide-moi à comprendre,
accepter,
     que des frères vivant de même foi
     professent des idées
     qui s'opposent aux miennes
Et rends-moi capable de communier à la même table,
     que celui que je combats.

Fais que la fidélité à mon mouvement,
     mon parti,
     pour moi ne soit jamais un absolu
Moi qui militant consciencieux
     accepte ses consignes,
     et fidèlement obéis,
Tandis que je m'insurge souvent
quand ton Église parle

et quelquefois refuse de suivre ses directives.
Donne-moi alors,
    la force de dire non
quand ma conscience se refuse à prononcer le oui.
    Et le courage d'accepter
    les reproches d'amis
    m'accusant de trahison,
    alors qu'il s'agit pour moi
    de vraie fidélité.

Aide-moi à fréquenter ton Évangile,
non pour y chercher des *recettes*
que l'on n'y peut trouver
    mais pour me nourrir de ta Parole,
Et que bon grain
elle pousse en mes terres disponibles,
fleurisse en bonne nouvelle pour mes frères,
et mûrisse pour eux
en fruits de justice et de paix.

Accorde-moi enfin **Seigneur**,
    cette grâce suprême...
    Toi seul peux la donner
    d'aimer mes adversaires
    autant que mes alliés
Non pas seulement dans le temple secret,
de mes bons sentiments,
    mais en les écoutant
    les respectant
    tentant de les comprendre,
    et de croire,
    que la sincérité,
    la générosité,

    ne me sont point réservées
mais qu'elles peuvent vivre chez les autres,
    même s'ils sont ennemis.
Car tu connais ma passion **Seigneur**,
que trop vite peut-être je baptise,
passion de la justice !
    J'ai tant envie quelquefois de me venger,
    et de blesser à mon tour
    celui qui m'a blessé...
    que j'ai du mal,
    ô oui, beaucoup de mal à pardonner.

    Accorde-moi **Seigneur** la force du pardon.

Je suis avec toi, dit le **Seigneur**
Je suis dans tes combats
Car j'accompagne tous ceux qui luttent
    pour défendre leurs frères,
    même s'ils s'aventurent en tous terrains,
    loin de l'enclos protégé
    où somnolent les peureux.
Mais *vérifie ton cœur*, mon petit,
    car je ne puis être présent,
    là où paraît la haine
Et seul l'amour peut t'assurer victoire,
    en t'assurant le mien.

Pourquoi doutes-tu, homme de peu de foi ?
    Heureux es-tu !
    Heureux êtes-vous tous,
    qui osez risquer de vous salir,
    et les mains et les pieds,
    aux combats de justice.

Car je ne suis pas venu
pour ceux qui les ont gardés propres
    parce qu'ils restent assis,
    et leurs mains dans les poches.

Ne crains rien !
J'ai lavé les pieds de mes disciples,
Et si les pieds des combattants
ont gardé la poussière
    à eux aussi je les laverai.

Nous voici devant toi, Seigneur, pour nous « recueillir »

Nous voici devant toi, Seigneur,
    à bout de souffle,
    à bout de courage,
    à bout d'espoir.
Perpétuellement écartelés entre l'infini de nos désirs
    et les limites de nos moyens,
    bousculés,
    tiraillés,
    énervés,
    épuisés.

Nous voici devant toi, Seigneur, enfin immobiles,
    enfin disponibles.

Voici la souffrance de notre insatisfaction,
Voici la crainte de nous tromper dans le choix de nos
    engagements.
Voici la peur de n'en pas faire assez.
Voici la croix de nos limites.

Donne-nous de faire ce que nous devons faire,

sans vouloir trop faire,
sans vouloir tout faire,
calmement,
simplement.
Humbles dans notre recherche et notre volonté
de servir.
Aide-nous surtout à te retrouver au cœur de nos
engagements,
Car l'unité de notre action c'est toi, Seigneur,
Un seul amour
à travers tous nos amours.
tous nos efforts.

Toi qui es la source,
Toi vers qui tout converge,
Nous voici devant toi, Seigneur,
pour nous « re-cueillir ».

Hiroshima[*]
(méditation dans le train)

Il fait sombre sur Hiroshima
Est-ce un brouillard de honte sur le front du ciel
qui a vu en un dixième de seconde
deux cent mille hommes, de leur vie, déshabillés ?
Est-ce une usine qui crache en fumée
le travail des usurpateurs ?
Est-ce la nuit de mon cœur,
volcan réveillé où bouillonne une sourde révolte ?
Il fait sombre sur Hiroshima

Où êtes-vous les morts ?
Je regarde et je ne vous vois pas
J'écoute et je ne vous entends pas.
J'entends le bruissement de la ville
J'entends des pas
J'entends des voix
J'entends des rires
J'entends le million de vivants
qui marchent sur vos cendres.

---

[*] La ville qui a été anéantie par la deuxième bombe atomique,
le 9 août 1945.

Où êtes-vous les morts ? Réveillez-vous ! Parlez !
Venez nous dire la chaleur de l'éclair
l'odeur du soufre
le goût de la cendre
Venez achever la phrase commencée
remplir le verre que vous alliez remplir
donner le baiser que vous alliez donner
Peuple interrompu, effacé
poussière
ombre
nuit
néant
Silence des morts
Silence de Dieu
Pourquoi vous taisez-vous les morts ?
Je veux entendre votre voix !
Criez ! Hurlez !
Dites-nous c'est injuste !
Dites-nous que nous sommes fous !
« Même si quelqu'un ressuscite d'entre les morts
ils ne seront pas convaincus ! » (Luc 16, 31).

Terre d'Hiroshima garde-les donc tes morts !
Mais Toi, mon Dieu,
effrayant Dieu silencieux, sur ta croix crucifié,
Parle !
Hurle !
Réveille-nous !
Dis-nous qu'il faut aimer !
« Après avoir, à bien des reprises
et de bien des manières parlé jadis aux Pères
par les prophètes, Dieu, en cette fin des jours,
nous a parlé par son Fils... » (Hébreux 1, 1 et 2).

C'est fait.
Jésus, toi non plus, tu ne parleras plus ?
« *Il ne répondit plus rien* » (Marc 14, 61).

Le train roule, roule, roule...
Autour de moi des hommes rient, rient...
Mon cœur a envie de vomir
et mon corps ... envie de DORMIR
Je ferme les yeux
« *Vous n'avez pas pu veiller
une heure avec moi !* » (Matthieu 26, 40).

        ...
IL FAIT NUIT SUR HIROSHIMA

Comme il serait facile, Seigneur

Comme il serait facile, Seigneur, de vivre avec
    des gens soumis,
    des gens qui suivent,
    des gens qui exécutent,
    des gens qui se laisseraient aider, combler, sauver.
Je ferais tout pour eux, Seigneur,
Je serais bon, dévoué,
Je serais utile, nécessaire, indispensable.
Ils pourraient être heureux s'ils acceptaient
    de se reposer sur moi,
    de me faire confiance.
S'ils acceptaient... de renoncer à grandir,
    à grandir eux-mêmes, pour eux-mêmes,
    à grandir ensemble, avec leurs frères.

Comme c'est dur, Seigneur, d'accepter
    qu'ils se redressent,
    qu'ils pensent tout seuls,
    qu'ils s'organisent,
    qu'ils luttent ... et qu'ils combattent ... et qu'ils me
      combattent !
Et c'est cela que tu me demandes :
    qu'ils deviennent des hommes,
    des hommes responsables,

des hommes debout.
Ce n'est pas facile, j'aimerais mieux qu'ils soient assis,
            qu'ils soient couchés,
... et je les porterais !

Aide-moi, Seigneur, à vouloir de toutes mes forces
    que devant moi
    les hommes soient des hommes !

La branche morte

La branche morte,
celle qui jamais plus ne portera de feuilles nouvelles,
ni de fleurs ou de fruits,
celle que la vie a désertée pour toujours...
il lui reste une possibilité merveilleuse :
accepter d'être jetée dans le feu,
et celle qui ne servait à rien
devient lumière et chaleur
pour ceux qui sont dans la maison.
Je t'offre ce soir Seigneur
les branches mortes de ma journée.
Je sais qu'au feu de ton AMOUR
elles seront transformées !
... Mais au soir des tempêtes souvent hélas
je laisse à terre pourrir mes branches mortes.

Le regard

Maintenant, je vais clore, Seigneur, mes paupières,
car mes yeux ont ce soir achevé leur service,
et mon regard, en mon âme, va rentrer
après s'être promené une journée
dans le jardin des hommes.

Merci, Seigneur, pour mes yeux,
fenêtres ouvertes sur le grand large.
Merci pour le regard qui transporte mon âme
comme le rayon généreux conduit la lumière
et la chaleur de ton soleil.
Je te prie dans la nuit, afin que, demain,
lorsque j'ouvrirai mes yeux au matin clair,
Ils soient prêts à servir et mon âme et son Dieu.

Fais que mes yeux soient clairs, Seigneur,
et que mon regard tout droit donne faim de pureté.
Fais qu'il ne soit jamais un regard déçu,
désabusé,
désespéré

Mais qu'il sache admirer,
s'extasier,
contempler.

Donne à mes yeux de savoir se fermer
pour mieux Te retrouver,
Mais que jamais ils ne se détournent du Monde
parce qu'ils en ont peur.
Donne à mon regard d'être assez profond
pour reconnaître ta Présence dans le Monde.
Et fais que jamais mes yeux ne se ferment
sur la misère des hommes.

Que mon regard, Seigneur, soit net et ferme,
mais qu'il sache s'attendrir,
et que mes yeux soient capables de pleurer.

Fais que mon regard ne salisse pas celui qu'il
touche.
Qu'il ne trouble pas mais qu'il apaise.
Qu'il n'attriste pas mais qu'il communique la Joie.
Qu'il ne séduise pas pour retenir captif,
mais qu'il invite et entraîne à se dépasser,

Fais qu'il gêne le pécheur
parce qu'il y reconnaît Ta lumière,
mais qu'il ne soit un reproche que pour encourager.
Fais que mon regard bouleverse,
parce que c'est une rencontre,
la Rencontre de Dieu.
Qu'il soit l'appel,
le coup de clairon
qui mobilise tout le monde sur le pas de sa porte,
Non à cause de moi, Seigneur.
mais parce que Tu vas passer.

Pour que mon regard soit tout cela, Seigneur,
Une fois de plus, ce soir,
Je Te donne mon âme ;

Je Te donne mon corps ;
Je Te donne mes yeux
afin qu'en regardant les hommes mes frères,
ce soit Toi qui les regardes,
et de chez moi leur fasses signe.

Il m'a serré très fort et m'a dit : « Je t'adore ! »

C'est un petit enfant, **Seigneur**,
   enfant abandonné
qu'une famille aimante réchauffe à son foyer.
Il est marqué par son passé de souffrance,
   et son visage
   est un long cri qui appelle tendresse.

J'ai essayé de le regarder,
   comme je crois,
   Tu l'aurais regardé.
Je lui ai souri, je l'ai écouté,
et en quelques instants,
nous nous sommes rencontrés.
   Brusquement,
   il a sauté dans mes bras grands ouverts,
   il m'a serré très fort et m'a dit :
   « Je t'adore ! »
et moi d'un même élan lui ai dit :
   « Moi aussi. »

On n'adore que Dieu me répétait ma mère,

et je ne sais pourquoi
à l'instant je m'en suis rappelé.
Mais ce soir, priant, j'ose penser, **Seigneur**,
que l'enfant à travers moi,
et moi à travers lui,
ensemble,
nous avons découvert et atteint quelque chose de Toi.

Car tu souffres avec lui, **Seigneur**,
à travers lui,
et son cri est Ton cri,
et je l'ai je crois,
ce matin entendu.

Seigneur,
je voudrais être aux pieds de l'enfant crucifié,
comme au pied de la croix.
Mais je voudrais aussi que l'enfant,
enfin détaché du bois mort,
où le mal l'a cloué,
puisse entre mes bras habités de tendresse,
découvrir et *toucher* un peu de ton Amour.

J'ai tant désiré, **Seigneur**,
rassembler tout mon être,
pour aller vers les autres,
riche de toute ma vie,
Refusant de n'aimer qu'avec *ma tête* seule,
sèche réponse au commandement d'amour,
Mais craignant de n'aimer qu'avec mon cœur sensible,
ou mon corps trop avide.

Aide-moi, **Seigneur**,

à recueillir en moi,
ce qui est de moi dispersé,
à faire l'unité de mes forces
et risquer l'aventure d'offrir aux affamés,
    non quelques gestes de charité,
    sagement programmés,
    mais mon cœur de chair,
    pour qu'ils puissent se nourrir.

Aide-moi à m'ouvrir tout grand à ton amour de Frère,
    pour qu'en communiant à ma vie,
    à la tienne,
    ils communient un peu.
Car Tu n'as plus, **Seigneur**,
de bras pour accueillir les enfants de la terre,
    et surtout ceux que l'on repousse,
    comme jadis les apôtres repoussaient
    ceux qui croisaient ton chemin.
Tu n'as plus de genoux pour les asseoir,
et de regard pour les contempler,
    de mots pour leur parler,
    et pour les faire rire,
    et de lèvres enfin,
    pour tendrement les embrasser.
Mais tu as voulu, ô merveille,
    avoir besoin de nous,
    besoin de moi,
    piètre miroir,
    pour refléter, quelques rayons de ta tendresse.

Ce soir, je te remercie, **Seigneur**,
    d'avoir pu ce matin,
t'offrir un peu de moi, *vivant*,

        pour atteindre l'enfant
        qui secrètement cherchait à t'approcher
        et te toucher.
Mais pardon, **Seigneur**,
d'avoir si souvent gaspillé,
        ou pour moi réservé,
        ce qu'aux autres je devais donner.
Car s'il m'est facile, souvent,
de ne rien refuser à l'enfant,
il m'est hélas difficile de donner et me donner,
        à *tous* mes compagnons de route.

Et pourtant, **Seigneur**, je sais que tout homme,
        est un enfant,
        qui jusqu'à la mort grandit,
Et qu'il soit petit ou grand,
        visage pur ou visage déformé,
        qu'il est enfant du bon Dieu,
        qui attend sa tendresse.

De nouveaux « témoins »
sont nécessaires pour notre époque

Il ne s'agit pas de mettre en cause la valeur de la vie chrétienne des hommes d'hier. Leur façon de vivre le Christ, qui était un signe pour leurs contemporains, ne peut plus toujours l'être pour les hommes d'aujourd'hui. Au contraire même, certaines attitudes, certaines démarches, si elles gardent leurs formes passées, deviennent des contre-témoignages.

Par exemple, la charité demeure toujours la charité : « Aimez-vous les uns les autres *comme je vous ai aimés* », mais le chemin qui mène de Jérusalem à Jéricho s'est allongé jusqu'aux limites de la terre et nos prochains ne sont plus seulement ceux que nous rencontrons à notre porte, mais ceux de notre classe sociale, de notre race, de notre pays sous-développé et de tous les groupements humains intermédiaires auxquels nous appartenons.

Aimerait-il son prochain le Noir américain qui se contenterait de soigner les plaies de son voisin matraqué, s'il ne luttait de toutes ses forces pour la libération de tous ses frères de race ? Aimerait-il son prochain le travailleur qui donnerait à son camarade l'argent nécessaire pour « boucler la fin du mois », s'il ne luttait dans le mouvement ouvrier pour un salaire normal et la justice sociale ? Encore une fois, la charité demeure dentique dans sa source, **l'amour** infini de Jésus, mais elle doit être vécue différemment par les hommes d'aujourd'hui. A la « charité artisanale » — qu'on me pardonne l'expression — une autre dimension doit s'ajouter, celle qui atteint les hommes par l'intermédiaire des structures socialisées. Il serait facile de donner d'autres exemples en décrivant la manière de vivre d'autres vertus chrétiennes ; qu'on pense à la pauvreté, à l'obéissance, etc.

Pour que les chrétiens d'aujourd'hui soient pour leurs contemporains des signes **lisibles** de l'amour-charité, il faut que, planté en pleine terre des hommes, ils traduisent **en gestes d'hommes modernes l'amour éternel** de Jésus.

Seigneur, tu me compliques la vie

Seigneur, tu me compliques sérieusement la vie !
Ton commandement « Tu aimeras le Seigneur ton
    dieu » eût été plus facile à suivre,
si tu ne l'avais assorti d'un second qui lui est sembla-
    ble :
    « Aimer nos frères »
        les aimer tous,
        et tout le temps.
Ça n'est pas facile Seigneur !
Et pourtant, je croyais y être parvenu.
Je croyais être un bon chrétien, « charitable envers
    mon prochain ».
Et j'étais estimé,
        tellement disponible,
        tellement aimable,
        tellement dévoué.
Voici que tu me dis que ce n'est pas suffisant
Et que peut-être même, quelquefois, c'est faux !

C'est difficile, Seigneur, d'aimer le prochain que je
vois, mais c'est plus difficile encore d'aimer celui que
je ne vois pas,
    de m'engager pour mes frères sans les connaître

et sans qu'ils me connaissent,
de lutter avec eux, pour eux, contre des structures,
        pour des structures
        qui ne sont pas eux,
mais qui les font ou les défont.
Je préférerais mon petit blessé à moi, sur mon petit
    chemin
Celui qui mène de Jérusalem à Jéricho
    Bien soigné,
    Bien choyé,
    Bien guéri,
Mais le chemin qui mène de Jérusalem à Jéricho, s'est
    allongé, allongé jusqu'aux limites du monde.
Il y en a maintenant de multiples qui se croisent et
    s'entrecroisent,
    qui recouvrent l'humanité, qui parcourent le temps.
Et je suis sur « ma » petite route, pas à pas cheminant,
Une main pour un frère et l'autre pour un autre,
Trop lent et trop petit pour aimer tous mes frères.

Je dois rejoindre l'armée de ceux qui luttent
Et qui, péniblement, dans leurs organisations et leurs
    mouvements, leurs réunions, leurs démarches, et
    leurs combats,
Tentent de bâtir un monde, où l'homme libéré pourra
    enfin aimer.
Me voici disponible, Seigneur,
    pour toi,
    avec eux.
Me voici disponible, ô multitude de mes frères au
    visage inconnu.

Seigneur, pardon pour les hommes arrêtés

Seigneur, ce soir, je te demande pardon pour tous les hommes arrêtés dans leur développement :
pour tous ces nains, ces rachitiques, ces mutilés, ces monstres,
pour tous ces avortements de l'être qui ont déçu ton amour paternel.

Je te demande pardon pour tous ceux qui dorment, ou qui sont à ce point paralysés, bloqués, murés, habitués, découragés, écœurés,
qu'ils ne tentent plus,
qu'ils ne savent plus,
qu'ils ne veulent plus grandir,
et qui désarment et se retirent du dur combat des hommes.

Je te demande surtout pardon, pour moi, Seigneur,
qui passe à côté de ces infirmes, ces blessés, ces captifs, sans les voir,
ou sans m'approcher : « Il le vit, et passa outre... »
sans leur offrir l'occasion de se réveiller,
de reprendre vie,
de rejoindre les combattants.

Donne-moi d'être chaque jour, assis sur le bord du puits,
   le puits de ma route,
fatigué peut-être mais toujours attentif,
celui qui demandera au passant
   pour lui et pour ses frères :
   « Donne-moi à boire ».

Seigneur, pardon, car « il en est trop que je laisse dormir ! ».

Si la note disait

Si la note disait :
ce n'est pas une note qui fait une musique
... il n'y aurait pas de symphonie

Si le mot disait :
ce n'est pas un mot qui peut faire une page
... il n'y aurait pas de livre.

Si la pierre disait :
ce n'est pas une pierre qui peut monter un mur
... il n'y aurait pas une maison

Si la goutte d'eau disait :
ce n'est pas une goutte d'eau qui peut faire une rivière
... il n'y aurait pas d'océan

Si le grain de blé disait :
ce n'est pas un grain de blé
qui peut ensemencer un champ
... il n'y aurait pas de moisson

Si l'homme disait :
ce n'est pas un geste d'amour
qui peut sauver l'humanité

... il n'y aurait jamais de justice et de paix,
de dignité et de bonheur sur la terre des hommes

Comme la symphonie a besoin de chaque note
Comme le livre a besoin de chaque mot
Comme la maison a besoin de chaque pierre
Comme l'océan a besoin de chaque goutte d'eau
Comme la moisson a besoin de chaque grain de blé
l'humanité tout entière a besoin de *toi*,
là où tu es,
unique
et donc irremplaçable.

Je suis en devenir Seigneur

Qui suis-je, Seigneur ?
Pourquoi en moi ce goût d'inachevé ?
Pourquoi cette impression d'être en route, en marche,
    de n'être pas cet être tout fait, statique, sûr, solide
    qui rassurerait et m'éviterait l'effort ?
Il y a en moi cette image de Dieu que je dois dégager
    librement, pas à pas, dans l'épaisseur du quotidien.
Je suis en devenir...
    et les autres, autour de moi, le sont également
    et cette humanité tout entière, peuple douloureuse-
    ment en marche vers son unité.

Je t'adore, ô Dieu, don absolument pur,
                     amour pur.
Je te contemple comme mon tout et mon but.
Fais que ma vie, Seigneur, tout entière, soit don,
Fais que les autres pour moi ne soient pas des étran-
    gers,
    mais des frères,
Car chaque coupure d'avec eux est une régression,
    chaque pont lancé est une progression,
    chaque retour sur moi est un arrêt de ma croissance :
    du « non-être »,

chaque don est une étape vers l'épanouissement :
du « plus-être ».

Sous ton regard, Seigneur, il faudrait que je sois sur la
    route des autres,
Celui qui les invite à se donner,
Et je leur rendrai le plus grand des services,
Celui de les aider à devenir, « image de Dieu », et dieu
    en ton Fils Jésus-Christ.

Ouvre mes yeux Seigneur !

Seigneur,
je voudrais que tu me donnes des yeux immenses
    pour regarder le monde !
Car je regarde, **Seigneur**.
J'aime regarder,
    mais mes yeux sont petits,
    trop petits
pour voir l'*au-delà* des choses,
    des hommes et des événements.

Je regarde et devine la vie,
    mais je n'en vois que l'écorce dure,
    et quelquefois sauvage.
L'amour me fait signe,
    mais je n'en contemple
    que quelques fleurs et fruits,
    tandis que la sève m'échappe.
Et je souffre derrière ma vitre épaisse,
    je me heurte à ses limites
    et quelquefois m'y blesse cruellement,
quand de mon cœur s'élève un brouillard
    qui assombrit ma route.
Pourquoi **Seigneur** nous as-tu fait des yeux

qui ne peuvent pas VOIR,
   VOIR ta VIE, au-delà de la vie
ton AMOUR au-delà de l'amour ?

Quelquefois je crois apercevoir... quelques lueurs,
   et mystérieusement,
   naissent alors en mon cœur,
   des mots un peu plus beaux
   que les mots ordinaires,
des mots qui dansent et font la farandole,
cherchant à s'échapper de leur cage dorée.
   De mes lèvres ils s'envolent,
   et je tente de les capturer,
   pour me dire et pour dire,
   ce que je devine...
   pressens...
   approche...
   sans pouvoir le saisir.
Mais les mots à leur tour, sont oiseaux trop petits,
et je leur en veux de ne pas savoir,
   pour moi et pour les autres,
   chanter le chant de l'infini

J'accepte alors, parfois,
de longuement fermer les yeux,
et dans le creux de ma nuit,
   j'entrevois,
un peu de cette Lumière
que le jour obstinément me cache.
   Je VOIS alors sans voir,
   Je CROIS.

Mais tu m'as donné **Seigneur**

143

des yeux pour regarder mes frères,
    des pieds pour cheminer vers eux,
    et avec eux fouler la terre ferme !
Seigneur, puis-je marcher les yeux fermés
en refusant le jour ?
    Je veux VOIR en regardant,
mais mes yeux sont petits,
    trop petits,
    pour contempler l'au-delà.
Seigneur, donne-moi les yeux immenses
    pour regarder le Monde.

    Ouvre mes yeux **Seigneur**,
    pour que je puisse VOIR...
plus loin que la lumière du soleil levant,
qui tout à coup colore la nature
de la douce clarté d'un visage de jeune fille,
plus loin que la lumière du couchant,
où des morceaux de nuits dessinent sur la terre,
    l'ombre des rides,
comme les ans sur un visage hâlé...
    que je puisse VOIR enfin,
    quelques reflets de ta LUMIÈRE infinie.

    Ouvre mes yeux **Seigneur**,
    pour que je puisse VOIR...
au-delà de la rose rayonnante et de son muet sourire,
au-delà de la main qui me la tend,
et du cœur au-delà de la main,
et de l'amitié bien au-delà du cœur,
    ... que je puisse VOIR enfin,
    quelques reflets de ta TENDRESSE.

Ouvre mes yeux **Seigneur**,
pour que je puisse VOIR...
au-delà des corps d'hommes qui attirent
ou repoussent,
au-delà de leurs yeux et de leurs regards
qui allument ou s'éteignent,
les cœurs en peine,
les cœurs en joie.
Et plus loin que les cœurs de chair,
les fleurs d'amour,
et même les herbes folles
qu'on appelle si vite péchés,
... que je puisse VOIR enfin,
les enfants du bon Dieu,
qui naissent et lentement grandissent
sous le regard d'Amour de Notre Père.

Ouvre mes yeux **Seigneur**,
pour que je puisse VOIR...
plus loin que les routes industrielles,
la nuit,
où mille lumières s'échappent des usines en chaleur,
plus loin que les foulards de fumée
qui s'agitent au vent
en haut des cheminées
pointées vers l'inaccessible ciel,
au-delà de ces inquiétantes beautés,
cités de l'an 2000,
où l'homme sans cesse refait le visage de la terre,
... que je puisse VOIR enfin et ENTENDRE,
battre le cœur de milliers de travailleurs
qui avec TOI achèvent la création.

Ouvre mes yeux **Seigneur,**
pour que je puisse VOIR...
au-delà de l'inextricable enchevêtrement
des innombrables routes humaines,
routes qui montent ou qui descendent,
voies expresses ou voies sans issues,
feux rouges,
feux verts,
sens interdits et vitesses limitées
routes de l'Est, de l'Ouest, du Nord ou du Sud
chemins qui mènent à Rome,
à Jérusalem
ou à La Mecque,
plus loin que les milliards d'hommes qui les parcourent
depuis des milliers d'années
et plus loin que ce prodigieux mystère de leur liberté,
qui les jette,
pensant,
aimant,
sur ces chemins de vie
où s'entrecroise leur destinée,
... que je puisse VOIR
ton calvaire dressé,
dominant le Monde au Carrefour Central,
et TOI,
de ta croix descendu,
parcourant ressuscité tous ces chemins d'Emmaüs
où tant d'hommes te cotoyent sans te reconnaître,
mais quelques-uns seulement à ta Parole,
et la fraction du pain.
... que je puisse VOIR enfin
ton Grand Corps grandir,

sous le souffle de l'Esprit
et le travail maternel de Marie,
jusqu'au jour où tu te présenteras au Père,
à la fin des temps
quand tu auras,
ô mon Grand Jésus
atteint ta taille adulte

Mais je sais, **Seigneur**, qu'en ce monde,
je dois voir sans VOIR
que je serai toujours sur cette terre,
pèlerin de l'invisible au cœur insatisfait.
   Je sais aussi que demain seulement
   franchissant les portes de la nuit,
   et TE VOYANT enfin tel que tu es,
   à ta lumière
je VERRAI tel que tu vois *.

Il faut attendre encore, et marcher dans la pénombre...
Mais si tu le veux **Seigneur**,
   pour que ma prière,
   livrée ici aux nombreux amis
   qui la partageront,
ne soit pas parole de vent sur lèvres de Pierrot de lune,
   je t'en prie,
   je t'en supplie,
Donne-nous des yeux immenses
pour regarder le Monde,
   et nous entr'apercevrons un peu de l'au-delà,
   et les hommes qui nous regardent
   verront que nous VOYONS

---

* Première Épître de Jean 3-2.

147

Alors, nous pourrons peut-être enfin leur dire :
    C'est lui, Jésus Christ
    la lumière du Monde.

Mon Dieu
je ne crois pas...

Mon Dieu, je ne crois pas,
Que tu fais tomber la pluie ou briller le soleil,
    à la carte,
    à la demande,
pour que pousse le blé du paysan chrétien,
ou réussisse la kermesse de Monsieur le Curé.
Que tu trouves du travail au chômeur *bien pensant*
    et laisses les autres chercher,
    et ne jamais trouver,
Que tu protèges de l'accident
l'enfant dont la mère a prié
    et laisses tuer le petit
    qui n'a pas de maman pour implorer le ciel,
Que tu donnes toi-même à manger aux hommes,
    quand nous le demandons,
    et les laisses mourir de faim,
    quand nous cessons de supplier.

Mon Dieu, je ne crois pas,
Que tu nous *conduis* là où tu *veux*
    et que nous n'avons qu'à nous laisser guider,

Que tu nous *envoies* cette épreuve
et que nous n'avons qu'à l'accepter,
Que tu nous offres ce succès,
et que nous n'avons qu'à te remercier,
Que lorsque tu le décides, enfin, tu *rappelles à toi*
celui que nous aimons
et que nous n'avons qu'à nous *résigner*.

Non mon Dieu, je ne crois pas,
Que tu es un *dictateur*
possédant *tous les pouvoirs*,
imposant *ta volonté*,
pour *le bien de ton peuple*
Que nous sommes des marionnettes,
dont à ta guise,
tu tires les ficelles
Et que tu nous fais jouer un mystérieux scénario,
dont tu as fixé depuis toujours
les moindres détails de la mise en scène.
Non, je ne le crois pas,
je ne le crois plus,
Car, je sais maintenant, ô mon Dieu
que tu *ne le veux pas*,
et que tu *ne le peux pas*,
Parce que tu es AMOUR
Parce que tu es PÈRE,
et que nous sommes tes enfants.

O mon Dieu pardon,
Car trop longtemps nous avons défiguré ton adorable
Visage
Nous avons cru qu'il fallait
pour te connaître et te comprendre,

t'imaginer paré à l'infini
   du pouvoir et de la puissance,
qu'à la façon des hommes trop souvent nous rêvons.
Nous avons usé de mots justes
   pour penser à toi et parler de toi
mais en nos cœurs fermés ces mots sont devenus
pièges,
   Et nous avons traduit :
   toute puissance,
   volonté,
   commandement,
   obéissance,
   jugement...
en notre langage d'hommes orgueilleux
rêvant de dominer nos frères
Nous t'avons alors attribué,
   punitions,
   souffrances et morts,
   alors que tu as voulu pour nous,
   le pardon,
   le bonheur et la vie.

   O mon Dieu, oui, pardon,
Car nous n'avons pas osé croire, que par amour,
   tu nous as depuis toujours voulus LIBRES
Non pas seulement libres de dire oui ou non
   à ce que pour nous d'avance tu as décidé,
   mais libres de réfléchir,
   choisir,
   agir,
   à chaque instant de notre vie.

Nous n'avons pas osé croire

que tu as tellement voulu cette liberté
Que tu as risqué, le péché,
   le mal,
   la souffrance
   fruits gâtés de notre liberté dévoyée
   horrible passion de ton amour bafoué
Que tu as risqué alors de perdre
aux yeux de beaucoup de tes fils
   ton auréole de bonté infinie
   et la gloire de ta *toute-puissance.*

Nous n'avons pas osé comprendre, enfin,
Que lorsque tu as voulu à nos yeux définitivement te
révéler
   Tu es venu sur cette terre,
   petit,
   faible,
   Nu.
Et que tu es mort attaché sur une croix,
   abandonné,
   impuissant
   Nu.
Pour signifier au monde que ta seule puissance,
est *la Puissance infinie de l'Amour,*
Amour qui nous *libère,*
   pour que nous puissions aimer.

O mon Dieu, je sais maintenant que tu peux tout
   ...sauf nous ôter la liberté !

Merci mon Dieu, pour cette belle et effrayante liberté
   cadeau suprême de ton amour infini.
   Nous sommes libres !

Libres !
Libres de conquérir peu à peu la nature pour la mettre
    au service de nos frères,
Ou libres de la dé-naturer
    en l'exploitant à notre seul profit
Libres de défendre et développer la vie,
    de combattre toutes souffrances
    et toutes maladies,
Ou libres de gaspiller intelligence, énergie, argent,
    pour fabriquer des armes,
    et tous nous entre-tuer.
Libres de te donner des fils ou de te les refuser,
De nous organiser pour partager nos richesses,
Ou de laisser des millions d'hommes
mourir de faim sur la terre fertile.
Libres d'aimer
    Ou libres de haïr.
Libres de te suivre
    Ou de te refuser

Nous sommes libres...
    mais *aimés INFINIMENT*

    Mon Dieu, je crois alors,
Que parce que tu nous aimes et que tu es notre Père,
Depuis toujours tu rêves pour nous d'un bonheur
éternel,
    que sans cesse tu nous proposes
    mais jamais nous imposes.

Je crois que ton Esprit d'amour
    au cœur de notre vie,
    chaque jour nous souffle fidèlement,

153

les *désirs* de ton Père.
Et je crois qu'au milieu de l'immense enchevêtrement
   des libertés humaines,
   les événements qui nous atteignent,
   ceux que nous avons choisis,
   et ceux que nous n'avons pas choisis,
Qu'ils soient bons ou mauvais,
Sources de joies ou de cruelles souffrances,
   Peuvent *tous*,
Grâce à ton Esprit qui nous accompagne
Grâce à Toi qui nous aimes en ton Fils
Grâce à notre liberté s'ouvrant à ton AMOUR
   Devenir par nous et pour nous,
   chaque fois providentiels

   O mon grand Dieu aimant,
Devant moi si humble, si discret,
   que je ne pourrai atteindre et comprendre
   qu'en étant tout petit,
Donne-moi de croire de toutes mes forces,
   à ta seule « *Toute-Puissance* » :
   la Toute-Puissance de ton AMOUR.
Je pourrai alors un jour, avec mes frères réunis,
Fier d'avoir tenu ma place d'homme libre,
   Débordant de bonheur,
   T'entendre dire :
   « *Va mon enfant, ta foi t'a sauvé* ».

Au « cœur du monde »,
Jésus-Christ attend l'homme

Les « voix » du chrétien d'aujourd'hui ne le trompent pas ; Jésus-Christ l'attend au cœur du monde. Plus que ses pères, il est tout entier tendu — mais souvent hélas, dans la nuit — vers Jésus-Christ ressuscité vivant son Mystère dans l'histoire humaine. Il sent confusément qu'il Le rencontrera sur sa route, présent à tout et à tous, amoureux infini que rien ne laisse indifférent ; compagnon silencieux du même chantier, mêlant son sang rédempteur à sa sueur quotidienne, œuvrant avec lui pour construire un monde que le Père transfigurera à partir des racines d'infini plantées au cœur du temporel. Il ne peut plus supporter de lutter chaque jour si cette lutte demeure à ras de terre, si Dieu en est absent, si ce n'est pas avec Lui et avec ses frères, qu'il vit, qu'il aime et qu'il meurt.

Dieu est là, il le sait ; Dieu l'attend pour l'aimer et travailler avec lui, **la réussite de sa vie est au prix de cette rencontre.** Mais Le rencontrera-t-il ? « Il » l'appelle dans le monde, mais le monde est bruyant, captivant, et tant d'hommes s'installent pour en jouir en attendant le néant, tandis que d'autres, inconscients et orgueilleux, pensent qu'ils arriveront un jour à éterniser leur bonheur. Et puis, lui a-t-on dit assez qu'il ne se trompait pas, que Dieu était présent, dans la vie ? Lui a-t-on appris à Le rencontrer et à travailler avec Lui ?

Pourquoi Te caches-Tu Seigneur ?

Pourquoi Te caches-Tu Seigneur ?
Pourquoi Te caches-Tu dans cette journée grise
où le travail me pèse comme une punition ?
Pourquoi Te caches-Tu dans ma maison défaite,
où tout est à refaire, plusieurs fois chaque jour ?
Pourquoi Te caches-Tu dans notre amour usé,
comme cette eau dormante dont la source est tarie ?
Pourquoi Te caches-Tu dans ce mal en mon corps,
trop fidèle souffrance, épouse indésirée ?
Pourquoi Te caches-Tu dans mes luttes humaines,
quand avec mes frères, je me bats pour mes frères ?
Pourquoi Te caches-Tu, Toi qui vins sur la terre
Toi qui parlais si fort
Toi qui pleurais si bien
Pourquoi Te caches-Tu dans la nuit qui m'obsède,
celle qui tombe le soir quand le soleil s'éteint
et celle qui coule en mon cœur
comme une mort qui vient ?
Pourquoi Te caches-Tu Seigneur, pourquoi ?
Parle Seigneur !
Seigneur
Seigneur
Pourquoi Te caches-Tu
... *alors que tu es là.*

Seigneur, souviens-toi
de ton alliance

Seigneur, ce soir, dans la nuit pourtant immobile et silencieuse, j'entends le profond soupir d'un monde inquiet, le cri tragique des hommes angoissés.

Ils ne savent pas à qui adresser leurs plaintes, ils cherchent à tâtons, s'égarent, se révoltent ou se résignent.

Fais mon oreille fine et mon cœur largement ouvert pour que je puisse recueillir leurs appels et leur donner un sens.

Je voudrais rassembler tous leurs cris et te les offrir comme une immense supplication qui monte de la terre vers toi, une prière :

O Seigneur, souviens-toi de ton alliance,
    révèle-toi, nous avons besoin de toi, tu es notre
    Sauveur.
    Aide-moi à te rencontrer, moi qui si souvent encore
vis et agis comme si tu n'étais pas là.
    Aide-moi à être de ce monde
    mais avec toi, en moi,
dans mon cœur,

dans ma chair vivante,
dans mes gestes d'homme.
Aide-moi à être celui qui marche,
    qui marche dans la vie, là où marchent les hommes,
    avec eux,
    l'un d'eux,
    mais sans regarder mes pieds,
    sans tâtonner comme un aveugle,
    le regard droit comme celui qui voit.
Je voudrais,
    oh ! oui, Seigneur, je voudrais de toutes mes forces
    qu'en me regardant marcher au milieu d'eux
    comme un voyant, ils soient libérés de leur an-
    goisse.

Je sais

Je sais,
que si des hommes par milliers meurent de faim,
tandis que d'autres au même instant
meurent de trop manger,
c'est que nous n'avons pas su partager le blé,
et pétrir le pain pour nos frères humains.

Je sais,
que si tant et tant de jeunes éclatent de violence,
voulant prendre de force ce dont ils ont été privés,
c'est qu'ils sont nés par erreur,
au hasard d'une étreinte,
ou voulus comme poupée par des parents-enfants,
après l'automobile et le petit chien.

Je sais,
que si des hommes ne voient
que signes noirs et muets, sur les pages du livre,
c'est que certains gardent le savoir pour eux,
comme un don réservé.

Je sais,
que si la terre est propriété
et profit pour quelques-uns,

alors qu'elle n'est que chantier de travail et de peine
pour la multitude,
c'est que les hommes ont oublié
que la terre est à tous, et non pas au plus fort.

Je sais,
que si certains hommes il est vrai,
sont plus riches
d'intelligence, de santé, de courage, que d'autres,
leurs richesses sont une dette envers les démunis,
mais je sais aussi que trop souvent cette dette s'ac-
croît, sans être remboursée.

Je sais,
que si des millions d'hommes vivent
sans qu'ils puissent, libres et responsables,
prendre leur place dans la construction du monde,
c'est que quelques-uns
se croient nés pour être maîtres, et qu'il leur faut
des esclaves pour pouvoir le rester.

Je sais,
que si des milliers de prisonniers
agonisent dans des camps,
ou hurlent sous la torture,
c'est que des hommes se font propriétaires de véri-
tés,
et qu'ils tuent lentement les corps
pour que meure la pensée.

Je sais aussi, et j'admire,
que des hommes partout se dressent courageux,
et debout,
jettent leur corps saignant dans les luttes
pour la justice et pour la paix,

mais je sais aussi que d'un corps qui combat,
sans un cœur qui bat, ne peut naître une victoire,
car les luttes sans amour,
sont des luttes en vain
le sang qu'elles font couler,
appelle un autre sang.

Qui est l'autre ?

L'autre, c'est celui que tu rencontres sur ta route,
celui qui grandit, travaille, se réjouit,
ou pleure à côté de toi,
celui qui aime ou qui hait à côté de toi,
celui dont tu dis « j'en ai plein la vue »
ou « je ne peux pas le voir »,
celui dont tu ne dis rien, dont tu ne penses rien,
parce que tu passes sans regarder,
et que tu ne l'as pas vu...

L'autre, c'est celui auquel tu dois t'unir
pour devenir l'homme « total », le « frère univer-
sel »,
celui auquel tu dois t'unir pour réussir ta vie
et te sauver avec toute l'Humanité.

L'autre, c'est celui avec qui tu collabores chaque
jour
pour achever la création du Monde.

L'autre, c'est ton prochain,
celui que tu dois aimer de tout ton cœur,
de toutes tes forces, de toute ton âme.

L'autre, c'est celui en face de qui tu seras jugé.

L'autre, c'est celui qui te grandit,
c'est un cadeau d'amour du Christ.

L'autre, c'est l'envoyé du Père,
une question d'amour du Christ.

L'autre c'est celui
par qui Dieu s'exprime,
par qui Dieu invite,
par qui Dieu enrichit,
par qui Dieu mesure notre amour.

Amour, nourriture de l'affamé

Amour,
nourriture de l'affamé
eau pure de l'assoiffé
soleil de l'homme transi
indispensable sève du vivant

Amour, enfant pauvre de ce monde cruel
amour dont on doute
amour qu'on essaye
amour sous conditions
amour à temps restreint

O monde malheureux, sous-alimenté de l'amour
monde qui se craquelle puis éclate,
comme terre sans eau
monde de frères qui deviennent ennemis
monde d'ennemis qui s'exploitent et se tuent

O hommes malheureux
écorchés
déchirés
révoltés
hommes sevrés d'amour

Hommes qui usent leurs jours aux couleurs de nuits
à chercher
vérifier
peser
s'ils ont été aimés
s'ils sont aimés
s'ils pourront être aimés

Hommes qui mendient quelques bouchées d'amour
pour survivre demain
Hommes qui cherchent à s'étourdir, jouir,
et couchent avec le plaisir
oubliant qu'ils dorment sur leurs angoisses
et campent sur leurs peurs

O Amour ! quand seras-tu redonné
au monde fou qui *doute* de toi
et meurt lentement de ne plus croire en toi ?

Pour mon bel amour inconnu

(Prière du jeune qui attend son amour)

O mon bel amour inconnu,
tu respires et tu vis
quelque part, loin de moi, peut-être près de moi...
Mais des traits de ton visage, je ne connais la grâce
Et des doigts et des fils qui ont tissé ta vie,
je ne saurai rien, tant que de toi je n'apprendrai
la trame et les nœuds,
qui en ont fait la toile.

O mon bel amour inconnu,
je voudrais que ce soir, tu penses à moi,
comme je pense à toi,
Non en un rêve doré qui ne serait pas moi,
Mais dans la longue nuit acceptée,
de ton cœur impatient,
Car j'existe moi aussi, et je suis VRAI,
et tu ne peux m'inventer sans me défigurer.

O mon bel amour inconnu,
je t'aime sans visage,
Pour toi, de toute ma force maintenant
je veux m'enrichir pour pouvoir t'enrichir,

Et sans cesse je m'entraînerai à donner,
en évitant de prendre
Car lorsque tu paraîtras, attirante à mes yeux,
Je ne veux pas te ravir, comme un voleur qui vient,
mais t'accueillir comme un trésor offert,
Car le trésor sera TOI, et tu te donneras.

O mon bel amour inconnu,
me pardonneras-tu demain...
Quand contre moi confiante, tu te tiendras blottie,
Quand ton regard naviguera, dans le ciel de mes
yeux,
y visitant un à un les plus lointains nuages,
Me pardonneras-tu d'être celui qui trop connaît,
hélas,
les gestes de l'amour,
Moi qui les ai appris avec d'autres que toi,
et qui pour toi, aujourd'hui,
voudrais tant désapprendre.
Car je sais maintenant combien il serait beau,
que nous cherchions et nous trouvions ensemble
Les accords justes et riches
qui de nos vies accompagneront les chants,
les chants de joie comme les chants de peine.

O mon bel amour inconnu,
ce soir je prie pour toi, parce que tu existes
et que pour toi déjà je veux être fidèle,
parce que tu peines toi aussi, et peut-être pour moi.
Je me prépare, tu te prépares, et demain,
de toutes mes forces je le souhaite,
je serai ton soleil et tu seras ma source,
je te réchaufferai et tu m'abreuveras,
Nous grefferons nos corps pour une vie nouvelle,

et nous donnerons au monde, ce dont il a besoin,
Le poids de notre amour,
qui sans nous lui manquerait.

Mais mon bel amour inconnu,
il faut attendre encore,
et combien douloureuse est l'attente de nuit
des amants sans visages !
Mais je sais que nos deux vies,
se cherchent et s'appellent
Et je suis sûr maintenant
qu'au creux de nos désirs nocturnes,
chante dans la Lumière, le désir de Dieu.

Notre père qui est aux cieux nous regarde,
mon amour, et de toute éternité, je le crois,
nous aime en murmurant :
« s'ils le veulent demain
ils ne feront plus qu'UN »

C'est son rêve de Père
Ce sera notre *décision* de fils

Merci

Merci, Seigneur, Merci.
Merci pour tous les cadeaux
que tu m'as offerts aujourd'hui,
Merci pour tout ce que j'ai vu, entendu, reçu.

Merci pour l'eau qui m'a réveillé,
le savon qui sent bon, le dentifrice qui rafraîchit.
Merci pour les habits qui me protègent,
pour leur couleur et pour leur coupe.

Merci pour le journal fidèle au rendez-vous,
pour l'histoire de Pitchounet, sourire du matin,
la justice rendue et le match gagné.
Merci pour l'auto-poubelle et les hommes
qui l'accompagnent, pour leurs cris matinaux
et les bruits de la rue qui s'éveille.
Merci pour mon travail, mes outils, mes efforts.

Merci pour le métal en mes mains,
pour sa longue plainte sous l'acier qui le mord,
pour le regard satisfait du contremaître
et le chariot des pièces achevées.
Merci pour Jacques qui m'a prêté sa lime,
Dany qui m'a donné une cigarette,

Charles qui m'a tenu la porte.
Merci pour la rue accueillante qui m'a porté,
pour les devantures des magasins,
pour les voitures, pour les passants,
pour toute la vie qui coulait rapide
entre les murs ajourés des maisons.

Merci pour la nourriture qui m'a soutenu,
pour le verre de bière qui tantôt m'a désaltéré.
Merci pour la moto qui docilement m'a conduit
là où je désirais, pour l'essence qui l'a fait tourner,
pour le vent qui m'a caressé le visage
et pour les arbres qui m'ont salué au passage.

Merci pour les bonjours qu'on m'a souhaités,
pour les poignées de main que j'ai données,
pour les sourires qu'on m'a offerts.
Merci pour le toit qui m'abrite,
pour la lumière qui m'éclaire,
pour le poste de radio qui chante.

Merci pour le journal parlé, pour les speakers
et pour les chanteurs.
Merci pour le bouquet de fleurs,
petit chef-d'œuvre sur ma table.

Merci pour la nuit paisible.
Merci pour les étoiles.
Merci pour le silence.
Merci pour le temps que Tu m'a donné.
Merci pour la vie.
Merci pour la grâce.

Merci d'être là, Seigneur.
Merci de m'écouter,

de me prendre au sérieux,
de recevoir en Tes mains la gerbe de mes dons
pour l'offrir à Ton Père.
Merci Seigneur,
Merci.

Dans le train de Paris,
dans le train de la vie

Seigneur,
il fait chaud dans le train de Paris.
Beaucoup de voyageurs somnolent,
    certains lisent.
L'un de mes voisins fait des mots croisés,
    et plusieurs entrecroisent bruyamment
    leurs mots et leurs rires.

Moi, je regarde le paysage.
    Il fuit derrière nous
    avant même que je n'aie pu l'apprivoiser.
Ainsi la vie.
Je rêve.

J'ai soigneusement choisi une place où je serai seul,
    quelqu'un près de moi gênerait mes mouvements,
    et s'il me souriait il me faudrait sourire,
    et s'il me parlait il me faudrait répondre.

Je suis là,
    enfermé dans mon corps,

enfermé dans ma tête,
enfermé dans mon cœur.
Je vois les autres, mais je ne veux pas les regarder,
Je les entends, mais je ne veux pas les écouter.
Je veux être seul.
Tranquille.

Maintenant je vais lire.
Il ne faut pas perdre trop de temps !
Mais voici que tu me fais signe,
Seigneur.
Tu es là toi aussi,
voyageur de tous mes voyages,
discret, tu m'accompagnes,
Et moi comme un amoureux habitué,
une fois de plus
j'oubliais ta présence silencieuse.
Tu es là, et lentement tu m'ouvres les yeux.
tu m'ouvres les oreilles
Tu me réveilles doucement
comme on éveille un enfant qui veut encore
dormir.
Tu ne peux pas me laisser tranquille,
Seigneur !
Faut-il sans cesse voir les autres,
entendre les autres,
penser aux autres ?
Et moi ?
Qui pensera à moi si je ne pense à moi ?...
et mon livre ?...
depuis le temps que j'ai commencé à le lire,
je voulais le terminer !
C'est un bon livre **Seigneur**,

il me donne de bonnes idées,
des idées dans ma tête,
qui tournent et qui retournent,
et me nourrissent l'esprit,
et des bons sentiments
qui nourrissent mon cœur.
Je t'assure Seigneur qu'en le lisant
je ne perds pas mon temps...
Mais je sais que je le perds en discutant avec Toi.
Inutile d'insister,
tu as toujours raison.

J'ai fermé le livre et ouvert les yeux.
Tu as gagné **Seigneur !**

... Je ne suis plus seul,
mais ne suis plus tranquille.
Ils sont là mes voisins,
et les voisins de mes voisins,
Ceux de mon compartiment,
de mon wagon, et les autres.
Ils sont là vivants,
en chair , en os,
en rires, en paroles,
en silences,
lourds de joies et de peines,
mille livres ouverts, pour moi,
et chacun son chapitre...
Ils sont là, embarqués dans le même train,
pour le même voyage,
Ils roulent ensemble, au même rythme,
ensemble pour deux heures,
et vers le même but.

Ainsi le train,
Ainsi la vie.

Un regard,
Un sourire,
Un mot,
et j'ai relié ce que je ne voulais pas lier
et j'ai renoué ce que je ne voulais pas nouer.

Maintenant je suis avec eux, **Seigneur,**
parmi eux,
l'un d'eux.
Je les accueille enfin
et aujourd'hui te les présente
en me présentant à Toi,
moi avec eux,
eux avec moi,
Et dimanche, je te les offrirai
en ton Eucharistie,
où tous les trains convergent
jusqu'à la gare d'éternité.

Ainsi le train,
Ainsi la vie.

Mais **Seigneur,**
mes compagnons ne sont-ils pas, eux aussi,
aveugles et sourds ?
Embarqués un jour sans qu'ils l'aient demandé,
beaucoup d'entre eux ne connaissent,
ni le sens ni le but du voyage.
Ils roulent,
dans le train de la vie.

Je voudrais leur dire où nous allons,
Je voudrais leur dire que la route est belle,
    même si elle est difficile,
    et qu'elle le serait moins
    si nous étions ensemble, UNIS.
Je voudrais leur dire que nous ne sommes pas seuls,
    puisque tu as voulu voyager avec nous,
Mais que nous devons te connaître,
    te re-connaître, et de suivre,
    Toi qui as dit :
    « *Je suis le chemin, la* VOIE ».

Fais confiance mon petit,
    dit le Seigneur
Aujourd'hui *j'avais besoin de toi*,
    de tes yeux ouverts,
    de tes oreilles ouvertes,
    de ton cœur ouvert.
J'avais besoin d'un *oui*
    ne serait-ce que le tien,
    pour que vous soyez ensemble réunis.
J'avais besoin d'un *oui*
    ne serait-ce que le tien,
    pour prendre les commandes et conduire le train,
    et que le voyage ne soit pas un voyage
    qui ne mène nulle part.

Il est vrai, hélas, que beaucoup de voyageurs,
    dans le train de Paris,
    dans le train de la vie,
auront accompli le voyage sans m'avoir rencontré.
Vous avez élevé tant et tant de tunnels
    sur les lignes des hommes,

qu'ils roulent dans le noir,
  sans se voir et Me voir,
Et votre lumière, à vous les amis,
mes disciples,
    est trop souvent cachée pour pouvoir les éclairer.

Mais puisque je suis venu prendre le train avec eux,
    puisque tu as enfin accepté de Me voir
    et de les voir,
    de les accueillir
    et de Me les présenter,
Je te le dis, un jour à ma LUMIÈRE,
    beaucoup me reconnaîtront,
quand arrivés en gare,
    éblouis ils s'exclameront :
« *C'ÉTAIT LÀ !* »
    et me voyant s'écrieront :
« *C'ÉTAIT TOI, AVEC NOUS !* »

    Dans le train de Paris,
    Dans le train de la vie,
    Je suis avec eux,
    Mais *j'ai besoin de toi.*

Table des matières

FOI VIVANTE

Derniers ouvrages parus

269. J. EYQUEM
   Aujourd'hui, le rosaire (Cerf)

270. A. TALBOT
   Les solidarités chrétiennes (Cerf)

271. St JEAN EUDES
   Le Baptême (Cerf)

272. *Bible de Jérusalem pour tous*
   Ancien Testament (Cerf)

273. H. KÜNG
   Liberté du chrétien (Desclée de Brouwer)

274. P. WOLFF
   Mon Dieu n'est pas sourd (Vie chrétienne)

275. P. TALEC
   Les choses de la Foi (Centurion)

276. L. BOUYER
   Architecture et Liturgie (Cerf)

277. R. MARITAIN
   Notes sur le Pater (Desclée de Brouwer)

278. C. CARRETTO
   Moi, François d'Assise (Centurion)

279. THÉRÈSE DE LISIEUX
   Qui a Jésus a Tout (Cerf)

*Cet ouvrage reproduit par procédé photomécanique
a été achevé d'imprimer en janvier 1992
sur les presses de l'Imprimerie Bussière
à Saint-Amand (Cher)*

N° d'éditeur : 4587.
N° d'imprimeur : 3449.
Dépôt légal : janvier 1992.

Imprimé en France